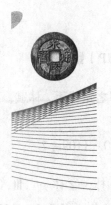

·舟山市社会科学著作资助项目·

舟山群岛
海上丝绸之路钱币

林　斌　林思辰　著

ZHOUSHAN QUNDAO
HAISHANG SICHOUZHILU
QIANBI

中国金融出版社

责任编辑：马海敏

责任校对：刘　明

责任印制：丁淮宾

图书在版编目（CIP）数据

舟山群岛海上丝绸之路钱币 / 林斌，林思辰著. —北京：中国
金融出版社，2023.5

ISBN 978 – 7 – 5220 – 1109 – 7

Ⅰ.①舟…　Ⅱ.①林…②林…　Ⅲ.①丝绸之路 — 古钱（考
古）— 舟山 — 文集　Ⅳ.①K865.6–453

中国国家版本馆CIP数据核字（2023）第 035231 号

舟山群岛海上丝绸之路钱币
ZHOUSHAN QUNDAO HAISHANG SICHOUZHILU QIANBI

出版
发行　中国金融出版社

社址　北京市丰台区益泽路2号
市场开发部　（010）66024766，63805472，63439533（传真）
网 上 书 店　www.cfph.cn
　　　　　　（010）66024766，63372837（传真）
读者服务部　（010）66070833，62568380
邮编　100071
经销　新华书店
印刷　北京七彩京通数码快印有限公司
尺寸　169毫米 × 239毫米
印张　12.25
字数　164千
版次　2023年5月第1版
印次　2023年5月第1次印刷
定价　56.00元
ISBN 978 – 7 – 5220 – 1109 – 7
如出现印装错误本社负责调换　联系电话（010）63263947

序　言

2021年暑假，林斌兄邀请舟山博物馆龚忆梦老师和我去他老家——衢山岛查察古代碑刻。林兄学识广博，在经济金融、历史、佛教、书法、货币防伪鉴定和钱币收藏等方面都有所长。在途中的轮渡上，他见我拿出的几张韩国纸币，就开始谈该国的纸币和货币发行历史，再延伸各国货币的印制特点，再讲到各套人民币的发展和防伪。他对舟山群岛和海上丝绸之路历史，以及相关的佛教发展史等如数家珍，让同行的龚老师也为之赞叹。同时也让人感受到他对家乡的浓浓情怀。

在衢山拓完碑后，我们又聊了大半夜，他说正合写了一本《舟山群岛海上丝绸之路钱币》，让我帮他看看，并帮他写序。感于林斌兄的诚恳，我接受了平生第一次为著作写序的任务。

《舟山群岛海上丝绸之路钱币》由近30篇基本独立又相互关联的文章构成，所研究的钱币从南朝至当代，跨度近1 500年。每篇主题都围绕一个中心，那就是不同的钱币都反映出舟山在各时期海上丝绸之路上的地位。舟山群岛于明清时遭遇多次海禁，百姓迁徙、文物毁失，加之文献资料多不传于世，故而出土、民间流传的钱币都成为研究舟山历史不可或缺的考古资料。

舟山群岛位于中国东海之门户，古往今来起到海上丝绸之路枢纽的重要作用。舟山群岛发现的钱币并不限于中国钱币，还涵盖日本、朝鲜半岛、安南等国家和地区发行的铜钱，以及从西方流入的西班牙本洋，墨西哥鹰洋，荷兰马剑洋，英国和美国、日本、法属安南的贸易银元等。

国内学术界关于陆上丝绸之路出土钱币的研究，目前已取得丰硕成果，如上海博物馆曾出版《上海博物馆藏丝绸之路古代国家钱币》《丝绸之路古国钱币暨丝路文化国际学术研讨会论文集》，内容涉及对陆上丝绸之路沿线各段出土古国钱币的详细考证，但关注海上丝绸之路钱币的专著则不多。林斌和林思辰父女合写的《舟山群岛海上丝绸之路钱币》扩充了大量新的考古和货币发行资料，明确将钱币看作舟山海洋文化的符号，为研究舟山在海上丝绸之路的地位提供了新视角。

在书中，作者总结了舟山群岛与海外经贸文化互动中钱币的流出流入过程，大体划分为三个历史阶段。首先是所发现的明朝中期以前的舟山钱币，多与面向朝鲜半岛、日本等的海上贸易有关；其次是明朝中期以后、鸦片战争之前，随西方海外扩张和殖民掠夺流入舟山群岛的白银和外国银元；最后是鸦片战争之后，形成中国白银大量流失和国外贸易银元、轻薄铜钱大批输入的局面。与陆上丝绸之路古代钱币所折射出的多元文化汇通、和平景象相对比，海上丝绸之路钱币更多地反映出大航海时代之后西方文明对中国的冲击，最终迫使中国的金融体制不断变革，并融入世界货币体系。

《舟山群岛海上丝绸之路钱币》一书中的插图和讲到的钱币，大多都是林斌兄个人收藏的。没有研究的收藏毫无意义，每一枚钱币都是一段有温度的历史。林兄在20世纪80年代就读高中，负责组织历史兴趣小组活动，在开展乡土历史调查的过程中，发现家乡渔村里曾经用作捕乌贼的网硾使用的就是古代的铜钱，从此与钱币学结下不解之缘。正是以"知之者不如好之者，好之者不如乐之者"的情怀，他凭借着自己在历史学、经济学、宗教学与书法艺术上的深厚造诣，几十年来不断进行钱币收集、考释、分析和研究，破解了一个个隐藏在舟山钱币里的海上丝绸之路密码。

因此非常期待具有学术意义的新成果问世。

是为序。

浙江海洋大学历史系主任楼正豪

2022年1月27日

目 录

第一篇

舟山群岛海外交往与货币的流通

第一章　舟山沿海与海外钱币流出流入 历史综述

　　海上丝绸之路，也称"海上陶瓷之路"或"海上香料之路"，是一条古代中国与国外贸易交往和文化交流的海上通道。中国海上丝路萌芽于商周，发展于春秋战国，形成于秦汉，兴盛于唐宋，转变于明清，是已知最古老的海上航线。中国海上丝路分东海和南海两条线路，主要以南海为中心。东海航线出现于春秋战国时期，当时的齐国在胶东半岛开辟了"循海岸水行"，是直通辽东半岛、朝鲜半岛、日本列岛直至东南亚的黄金通道。在唐代，山东半岛和江浙沿海与朝鲜半岛、日本海上贸易逐渐兴起，日本的第19次遣唐使就从宁波登陆。宋代熙宁年间，由于北方海路被辽国阻塞，明州（今宁波）成为中韩日海上贸易的主要港口，而舟山群岛作为宁波的外港，在海外贸易交流中发挥着较大的作用。

　　海上贸易的中介物就是货币，从某种意义上说，海上丝绸之路也是海上货币交易之路。货币实物一般称为钱币，钱币研究主要针对货币实物展开，包括对其内在所蕴藏或者说是钱币背后所蕴含的非物质文化的研究。中外货币交流具有双向性的特点，根据历史文献和相关资料，笔者将舟山的海上丝绸之路钱币输入与输出情况大致分为三个阶段。

一、明代中期之前舟山沿海金银输入与铜钱输出

（一）舟山沿海金银货币实物的输入

　　陆上丝绸之路的贸易往来，从西域诸国带入了不少金银。海上丝

绸之路兴起之后，到中国沿海贸易、文化朝圣等也带来不少海外的金银。到宋代时，白银改变了中国的货币体系。南宋时期虽然有不少金银工艺品输出，但这类金银是以工艺品形式的商品输出，作为货币支付手段的金银实物还是以海外输入为主。历史上，日本的黄金白银矿藏丰富，使用金银与中国贸易非常普遍。日本真如亲王入唐，途经舟山群岛时，就有金银相赠的文献记载。

真如亲王本是平城天皇三皇子，原名高丘（或高岳），11岁时（公元809年），平城天皇让位给嵯峨天皇时被立为皇太子。公元810年，宫廷发生政变，史称"药子之乱"。受其影响，皇太子高丘被废，遂削发为僧，在高僧空海处修学，法号真如，后称真如亲王，因其苦行僧的表现故又称"头陀亲王"。

唐懿宗咸通二年（日本贞观三年，公元861年），亲王上奏欲渡海入唐，3月后，获天皇许可。筹划一年之久，咸通三年（公元862年），真如亲王以大唐海商张支信（有写作张友信）、金文习、任仲元为舵师踏上西行求法之路。随船的有宗睿、贤真、惠萼、忠全、安展、禅念、惠池、善寂、原懿、猷继等，共61人。舟山群岛中的普陀山开山——日僧慧萼（又作慧锷、惠萼）与真如亲王一起入唐，途经舟山群岛，再至明州登岸进入长安。《头陀亲王入唐略记》①一书中记载亲王入唐时带来了金银作为资费：

午时，遥见云山；未时，著大唐明州之扬扇山；申时，到彼山石丹呑，泊，即落帆下碇。见其涯上，有人数十许，吃酒皆脱被，坐椅子。乃看船之来著，皆惊起，各衫群立涯边。见张友信，问由缘，友信答云："此日本国求法僧徒等。"于是彼群居者皆感叹，差使存问，兼献送彼土梨、柿、甘蔗、砂糖、白蜜、茗茶等数般。亲王问友信云："此何等人？"友信云："此盐商人也。"亲王叹曰："虽是商人，体貌

① ［日］伊势兴房. 入唐五家传·头陀亲王入唐略记［M］// 大日本佛教全书（第1卷）. 东京：日本佛书刊行会，1915.

闲丽如此也。"即谢答，赠以本国土物数种。彼商人等辞退不肯，以更遣友（信）志。于是，彼商人等，唯受杂物，谢还金银等。

宋神宗熙宁五年（公元1072年），日僧成寻携带圆仁的《入唐求法巡礼行记》和奝然法济大师的《入宋日记》，同其弟子赖缘、快宗、圣秀、惟观、心贤、善久、长朋一行8人，搭乘宋商孙忠的船入宋。进入中国时先在舟山群岛诸岛停留，在其所著的《参天台五台山记》①中就有不少钱币使用和当时北宋各地物价经济方面的记载：

延久四年三月十五乙未寅时，于肥前国松浦郡壁岛乘唐人船，一船头曾聚，字曾三郎，南雄州人，二船头吴铸，字吴十郎，福州人，三船头郑庆，字郑三郎，泉州人，三人同心，令乘船也。船头等皆悦，给物密密相构也。志与物：米五十斛、绢百疋、裓二重、沙金四小两、上纸百帖、铁百廷、水银百八十两等也。

成寻所带资费有沙金、白银。《参天台五台山记》中有在天台山、五台山真容院供养金银的记载。无论是陆上丝绸之路，还是海上丝绸之路，来中国无论是贸易还是文化朝拜，作为川资旅费和贸易所用，带入金银货币是一种通行做法。

宋理宗绍定五年（公元1232年），1两黄金在中国价值4万文铜钱，在日本只值630文，相差达63倍之巨。自宝祐六年（公元1258年）起，南宋对日本商人带来的黄金采取免税政策，因此许多日本商人常以贩运黄金来牟取暴利。理宗宝祐年间（公元1253—1258年），庆元府一年间由日本商人输入的黄金总额约四五千两。不但是商人，就是公家、武家，也把黄金运到中国，它的年额或许也不止一万两左右。②元代，日本输出仍以黄金、描金、扇子、螺钿等物为主。赴日本的中国商人更甚于来中国的日本商人，带回来的黄金数量也相当可观。

唐朝时的朝鲜半岛有高句丽、百济和新罗三个国家，新罗处于

① ［日］成寻.新校参天台五台山记［M］.上海：上海古籍出版社，2009.

② ［日］加藤繁.中国经济史考证［M］.北京：商务印书馆，1973.

中国与日本航路的中间站点，在海上丝绸之路的发展过程中，新罗人以航海和贸易见长。受高句丽、百济打压，新罗国内又天灾人祸频繁，因此在朝鲜半岛三国并峙中，新罗与大唐关系最为密切。高宗龙朔三年（公元663年），朝鲜半岛发生了一场战争，唐朝、新罗联军与倭国、百济联军于白江口进行决战，又叫"白江口之战"。日本战败之后，近千年内未敢招惹中国。这年开始，唐朝在新罗设立羁縻都督府——鸡林州都督府，先后有18位新罗王被唐朝委任为鸡林州都督，历时200余年。既然鸡林是唐朝政府的一个州，因此唐朝政府允许新罗商民在大唐境内从事贸易和服务工作。从胶东、江苏到浙江沿海，到处有新罗人活动的轨迹，好多地方的新罗居民聚集区在城市里建有"新罗坊"，城外农村建有"新罗村"，普陀山附近也有唐代"新罗礁"遗址。舟山群岛中的普陀山处于南下福建到南洋，北上日本、韩国的重要水道中段，因此也就有了历史上唐大中年间梵僧在普陀山燃指见观音现身，和咸通年间日僧慧萼留像于普陀山供奉的历史交汇事件。南北海道的交汇最终使普陀山发展成为震旦三大道场，到明代时成为中国四大佛教名山之一。宋张邦基《墨庄漫录》[①]记载："三韩外国诸山，在杳冥间，海舶至此，必有祈祷。（宝陀）寺有钟磬铜物，皆鸡林（新罗）商贾所施者，多刻彼国年号，亦有外国人留题，颇有文采者。"宋赵彦卫《云麓漫钞》[②]记载："自东即入辽、渤海、日本、毛人、高丽、扶桑诸国；自南入漳、泉、福建路云。"南宋《乾道四明图经》[③]记载："高丽、日本、新罗、勃海诸国，皆由此取道，守候风信，谓之放洋。"北宋徐兢《宣和奉使高丽图经》[④]中有"二十六日戊寅，西北风劲甚。使者率三节人，以小舟登岸，入

---

① （宋）张邦基.墨庄漫录［M］.北京：中华书局，2002.

② （宋）赵彦卫.云麓漫钞［M］.北京：中华书局，1996.

③ （宋）张津.乾道四明图经［M］.台北：台湾成文出版社，1983.

④ （宋）徐兢.宣和奉使高丽图经［M］.北京：中华书局，1985.

5

第一篇 舟山群岛海外交往与货币的流通

梅岑。旧云：梅子真栖隐之地，故得此名，有履迹瓢痕在石桥上。其深麓中，有萧梁所建宝陀院殿，有灵感观音。昔新罗贾人往五台刻其像，欲载归其国，既出海遇礁，舟胶不进，乃还置像于礁上，院僧宗岳者，迎奉于殿。自后，海泊往来，必诣祈福，无不感应"的记载。普陀山的形成历史与中国和朝鲜半岛、日本的沿海贸易往来密切相关，也与发端于天台山的佛教宗派——天台宗对朝鲜半岛、日本的影响力相关。近几十年来，中国人民银行发行好几个以普陀山景观作背景的观音菩萨造像题材的贵金属人民币，以及专门发行了一套中国佛教圣地——普陀山贵金属纪念币，体现了舟山群岛中的普陀山在中国与日本、朝鲜半岛、南洋诸国等地中的交往历史。

（二）舟山沿海的铜钱输出

2006年4月，舟山群岛朱家尖出土几百斤铜钱，从出土钱币的品种可断代为梁陈之际埋入，根据钱币品种的构成来看，为当时江南一带流通的钱币。[1]结合南朝海上航海条件和历史以来形成的航线，以及六朝梁陈时期与朝鲜半岛、日本的交往历史文献推测，长江口或福建沿海循海岸往辽东半岛、朝鲜半岛、日本列岛方向的商贸船只，因大风导致海难事故，将船上所载财富——铜钱埋入普陀山附近的朱家尖蜈蚣峙小岛。由于中国铜钱铸造工艺上的优势，铜钱输出比较常见，很受海外各国的欢迎。

中国史书中记载，南朝与朝鲜半岛各国关系友好，以百济国与南朝关系最为紧密。近几十年，韩国出土了百济王侯墓中的梁代钱币，说明了百济与南朝的关系[2]。

由于民众的贮藏等多种原因，唐代时出现了"钱荒"（铜钱流通不足）现象，加之日本、朝鲜半岛等海外诸国的需求较大，使中国铜钱大量输出，更加剧了国内的钱荒状况。鉴真大师六次东渡，其中四

---

① 杜美燕. 舟山朱家尖出土古钱币 [J]. 东方博物，2007（2）.

② 邵磊. 百济武宁王陵随葬萧梁铁五铢钱考察 [J]. 中国钱币，2009（3）.

次途经舟山群岛，《唐大和上东征传》①记载：鉴真大师东渡日本每次出海所带物品大致相似，其中有一项就是每次要带去数量基本相同的铜钱。在文献记载里，记述了第一次东渡所带的铜钱。

（大和上）仍出正炉八十贯钱，买得岭南道采访使刘[巨鳞]之军舟一只，雇得舟人等十八口。……[带去]青钱十千贯，正炉钱十千贯，紫边钱五千贯。

鉴真大师所带三种铜钱的第一种是青钱，即青铜钱，为标准铜钱，其质地为铜、铅、锡合金，见于文献中较早的名词为唐代"万选钱"或"青钱万选"，后世以此种钱比喻文章出众，有才学的人。第二种叫正炉钱，正炉就是中央政府铸钱炉，所铸钱币十分规整，是相对于地方官府铸造的"官炉钱"和偏远地区官方铸造的质量差、重量轻、文字不正的"偏炉钱"，以及唐时民间私铸的"棱钱""时钱"等劣质钱而言。第三种叫紫边钱，是指铜钱边道泛紫铜色的钱币，应该是质量上乘的紫铜（纯铜）质的钱币。

日本于公元708年铸造发行"和同开珎"银钱和铜钱后，正式进入了由皇室朝廷垄断铸币权的官铸币时代。唐天宝十二年（公元753年），吉备真备任日本第十次遣唐副使，他亲自到扬州延光寺邀请鉴真第六次东渡，并安排鉴真换乘遣唐使船成功抵达日本。到日本后，吉备真备书写了书法风格接近唐朝开元通宝的"万年通宝"和"神功开宝"上的文字。1972年，日本考古学家对鉴真大师修建的唐招提寺金堂进行修整时，在主佛像药师如来的左掌中发现3枚放置在漆层下的

① 按：汪向荣校注的《唐大和上东征传》中有明显错误。即标准的唐"开元通宝"钱每枚重4克左右，一贯即1千枚，重4千克，按书中记载共带去钱币25千贯，折算重量为10万千克，即100吨。当时鉴真带去不少物资和生活用品，连同不少僧人及各行各业的手艺人，一条船仅装载钱币就达100吨是完全不可能的。按当时的物价，买一艘军船才八十贯，鉴真大师应没有如此巨量的财富。一贯即一千枚，文中或单用千或贯就符合实际情况了，鉴真大师每次东渡携带铜钱25贯，即25千枚，重量约100公斤比较合理。（参见[日]真人元开：《唐大和上东征传》，汪向荣校注，中华书局，1979年）

铜钱，分别为"和同开珍""万年通宝""神功开宝"，这是日本考古发掘中发现的唯一一处在古代佛像手中置藏的铜钱，这3枚铜钱表明阿倍仲麻吕与鉴真大师、大唐与日本铸钱有着很深的渊源关系。中国铜钱输入日本，同时也带动日本的铸钱活动。在日本开铸钱币的250年间，先后铸造了12种被后世称为"皇朝十二钱"的铜钱。

公元958年之后，日本停铸铜钱达6个世纪，国内交易多以实物交换为主。直到12世纪中期，日本开始使用质量标准、文字优美的中国宋朝铜钱，日本史称"渡来钱时期"，中国铜钱一直沿用到16世纪中期日本重新铸钱时期。1968年，日本北海道函馆市一次就发掘出374 000多枚"渡来钱"，由此可见渡来钱数量之庞大。有日本研究者推测，运到日本的两宋钱币，约占当时中国两宋时期钱币铸造量的十分之一。多年来，日本考古出土了大量唐宋钱币，这充分说明中国铜钱大量流入日本的现象。渡来钱不仅在日本国内发挥了货币的流通功能，还发挥了其他功用。由于日本国内铜矿缺乏，铜钱被其熔解作为建材，日本东京近郊的镰仓大佛约建于南宋宝祐元年（公元1253年），经多位日本学者对佛像的材质化学分析后，指出其各种金属比例与渡来钱几乎一致，由此推断是采用熔化两宋铜钱铸造的。

元代实施纯纸币流通制度，元朝铜钱继续输出日本。《新元史·食货志七·钞法》①记载："至元十四年……日本遣商人赐金来易铜钱，许之。"20世纪70年代，在朝鲜半岛西南部新安海域（今韩国木浦）发现一艘中国元代沉船，经考证为元至治三年（公元1323年）从宁波发往日本的商船，共出水中国铜钱28吨。②

明朝施行钞、银、铜钱并行制度，国内铜钱铸造发行严重不足，洪武二十七年（公元1394年）明朝禁用铜钱，以维护其宝钞制度。纵

① （清）柯劭忞. 新元史［M］. 上海：上海古籍出版社，2017.

② 汤丹文，徐学敏，黄丽娟. 从新安沉船入手破解元代宁波港［J］. 文化交流，2018（6）.

观明朝十七帝中，只有九代帝王铸过币（明宣宗宣德年后的几十年间未铸造铜钱）。日本南北朝到室町时代，国家规定税款须用铜钱支付，中国铜钱成为其法定流通货币。铜钱从中国带入日本可获利3~4倍，这就导致了明朝大量的铜钱流入日本。洪武、永乐年间，在明朝不流通铜钱的情况下，朝廷继续铸造洪武和永乐铜钱，用于对日本等各国的赏赐。历朝海外各国一般进贡的少而获得中原王朝的赏赐多。因利益所系，明朝初期日本各大名都想到中国朝贡和贸易，日本贡使、随行人员、商人皆求获铜钱返日，而明政府对朝贡贸易限制次数，规定十年一贡定期勘合，指定宁波为日本朝贡唯一港口，每次符契文书都需要勘合交验。由于朝贡贸易实施贡期长、对贸易船只的数量限制严格，远远不能满足日方的需求。明朝嘉靖二年（公元1523年），日本大内氏和细川氏都欲在宁波勘合贸易，发生了杀人越货的"争贡事件"，促使明政府决定断绝与日本的往来，这一政策导致了中国沿海的倭患更为严重。明朝中国与日本的贸易中长期保持顺差，日本需要更多的货币来支付贸易逆差，除金银外，还可支付中国的铜钱。

安南（今越南）曾是中国中原王朝附庸的藩属国，执政帝王也多为华裔，在铸钱工艺上安南与中原王朝差距巨大，因此其国内所用铜钱多为中国铜钱，后其所铸造的钱币在铸造形制、工艺到钱文书法等方面，均受到中国中原王朝的影响，有些是直接翻铸中国前朝的流通钱币。邻近的琉球王国（今琉球群岛）同样受中原王朝册封，广泛流通中国铜钱，其国铸造的少量钱币也受中国铜钱形制的影响，并与中国王朝钱币保持一致。日本、朝鲜半岛、安南、琉球等国钱币上都使用汉字，这些国家流通的要么是中国铜钱，要么是仿制中国的铜钱，可见中国对周边国家的经济和文化的影响之大。

二、舟山沿海白银的大量输入和周边国家轻薄铜钱的流入

西欧小国葡萄牙海外贸易起步较早，在取代地中海的意大利和

从事于连接欧亚大陆中间贸易的阿拉伯的商业地位之后，开始大规模地海外扩张和殖民掠夺，是最早通过海上通道同中国直接接触的欧洲国家。

公元1492年，西班牙在哥伦布胸有成竹的谋划下，与葡萄牙的航海相反航行，最终来到了一个前所未知的新大陆。公元1493年，葡萄牙和西班牙为了各自的海外利益，经教皇裁决，两国于公元1494年密谋签署了历史上著名的《托尔德西拉斯条约》。条约规定在佛得角以西2 056公里，或者西经48度到49度之间，从南极到北极划出一条分界线，在分界线以西的地区专有权归西班牙，葡萄牙的远征考察活动只能在分界线以东进行，两国都不得占领已经归属基督教统治者所有的任何领土。这是近代世界历史上第一条用来瓜分世界，建立殖民范围的分割线，是在当时两国对于世界的认知程度还不是很高的情况下实现的。

葡萄牙和西班牙各自所开拓的海上商路方向不同，因此对各自所开拓的新世界也有不同的看法。葡萄牙沿着大西洋向东航行，最终绕过非洲南端的好望角进入印度洋，由此登上了富庶而又神秘的印度次大陆，近距离地与中国接触。公元1509年，葡萄牙击败当时有着强大海上作战能力的阿拉伯海军，从此正式成为印度洋海域的霸主。随后，葡萄牙海上势力继续向东扩展，逐渐蔓延到东南亚地区的一些岛屿，到达中国的广东。在广东，被明朝的地方政府驱逐之后，公元1524年，葡萄牙选择舟山群岛的双屿港（今普陀区六横岛）作为走私贸易基地。选择双屿港的原因是舟山群岛处于中国南北航道中心，是江海交汇的枢纽，往西可便捷地进入长江、钱塘江周边，这是当时中国最富庶和繁华的区域，这些区域能提供西方国家所需的丝绸、茶叶、瓷器等商品。根据葡萄牙人平托的《葡萄牙人在华见闻录》记载，（双屿港）岛上建有市政厅、医院、教堂等设施，异常繁华。参与走私活动的还有西班牙、荷兰、日本、南洋诸国与粤、闽、浙、江、皖等地商人，每年的走私贸易量惊人，被称为16世纪的自由港。嘉靖二十七年（公元1548年），明政府派巡抚朱纨率军围剿双屿港，通过武力赶走了葡萄牙和其他各国走私活动的商人，打击了沿海海盗、海商不分的走私集团，并以木石填塞双屿港。双屿港共存续24年，之后在中国沿海爆发了旷日持久的抗倭战争。被赶走的葡萄牙人，于公元1553年以遇到风暴需要晾晒货物为名，辅以行贿等手段，强占了中国澳门。

公元1492年，哥伦布从欧洲出发登上美洲大陆，之后又3次西航。公元1519—1522年麦哲伦环球航行地球一周。公元1535年，西班牙为统治美洲，先后建立4个总督区，并开始在美洲打制银币，大部分运回欧洲。公元1565年，西班牙通过麦哲伦航线侵占并统治菲律宾达300多年。公元1571年，西班牙开通了马尼拉大帆船贸易航线，即新西班牙阿卡普尔科（今墨西哥）与菲律宾马尼拉之间的海上贸易通道。大批中国商品被运往拉美，白银从美洲源源不断地流向中国。公元1580年，西班牙由于葡萄牙王位争夺战，吞并了葡萄牙，接管了大量葡萄牙人的商业基地。由于台湾处于印度洋与东北亚中间，在垄断中国东部沿海、日本等东北亚地区与西方的贸易上具有区位优势，公元1626—1642年西班牙对中国台湾北部实行殖民统治。西班牙的全球殖民为其带来了巨大的财富。公元1732年，西班牙开始在美洲用机器制造币面上有地球图案的银元，银元产量急剧提升，公元1772—1822年，西班牙银元改用西班牙国王肖像图案（俗称"本洋"）。由于银元具有含银量高、数量大、铸造精、重量适中等优势，一举夺得世界贸易市场交易的主币位置，获得了交易商家的青睐。17世纪至18世纪，葡萄牙、荷兰、英国、美国、日本等国家，大部分使用西班牙双柱银元作为支付工具，并大量流入中国沿海。

荷兰原属西班牙，公元1581年独立，并成立股份制模式的荷兰东印度公司。公司沿着西班牙人的路线从事与东方的贸易。17世纪中叶，荷兰成为海上强国，在印度洋沿线占领据点，最著名的殖民点是巴达维城（今印度尼西亚的雅加达）。公元1624年，荷兰东印度公司部队登陆大员开始占领中国台湾，一直到公元1662年郑成功逼迫荷兰末代总督揆一献城投降为止，荷兰占领台湾这个东西贸易的咽喉要道达38年，垄断东西方贸易。整个17世纪是荷兰贸易与经济的黄金时代，荷兰建立起全球商业霸权的地位。17世纪70年代，荷兰实现制币生产的机械化，从17世纪中期到18世纪末期，荷兰将本国铸造的银币（中国俗称为"马剑"）与中国沿海、日本进行贸易，输入中国和日本（之后由于重量比普遍流通的西班牙银元重而遭商民收藏熔毁而被淘汰）。

西班牙银元从开始的手工打制到机器制造，从开始官员和富贵人家作为玩赏物，到由于其重量、成色标准统一，受到中国沿海及长江口岸商民的普遍欢迎。荷兰银元继西班牙银元后输入中国，墨西哥独立后，西班牙银元停铸，被重量大小一致的墨西哥鹰洋所替代。清朝嘉庆年间，安南海盗（时称"夷匪""艇匪"）经常在舟山群岛绑架富户和海上抢劫勒索，根据地方志①记载，海盗勒索钱数名目概以西班牙银元计数，可见西班牙银元在中国沿海流通的普遍程度。

沿海的大规模走私贸易向中国输出了大量海上霸权国从美洲掠夺来的白银货币，以及产银量较大的日本与中国沿海贸易获取的金银，加上其他港口海外贸易渠道流入中国的白银汇聚成为明朝万历年间张居正"一条鞭法"改革的货币数量基础，确立了中国以白银为本位货币的币制。

关于周边国家劣质铜钱的输入。明代延续宋代有"禁用夷钱"的诏令，因此当时国外铸造的铜钱并没有输入中国，最多也就是随身携带的有限枚数。明中期后，由于宝钞制度行用不通，明政府允许唐、宋铜钱进入流通，这便为民间私铸钱和日本仿制钱流入中国提供了条件。13世纪后期，在日本一些经济较为发达的地区，一些经济实力雄厚的商人开始对信用好、需要度高的宋钱进行模铸。当时日本民间多

---

① （清）史致驯，陈重威，黄以周.定海厅志［M］.上海：上海古籍出版社，2011.

以好品的宋钱为母钱铸造铜钱，因含铅较多，故质量低劣，在货币市场上作为实物交易及金银币的补充而广为流通。"洪武通宝"流入日本后在日本西部地区被广泛仿铸，其中特别有名的"洪武通宝"私铸地为九州岛岛津氏领内大隅国的加治木，该地区所铸"洪武通宝"背面多铸有"加""治""木"三字，俗称"加治木钱"。"永乐通宝"流入日本后在日本大受欢迎，因此日本各地大名纷纷仿铸，从单纯翻铸，到加刀改刻，再到重新设计"永乐通宝"字体，等等，私铸方式不一而足。明朝万历时期官员朱国桢在其《涌幢小品》中记载，日本"亦用铜钱，只铸洪武通宝、永乐通宝，若自铸其国年号则不能"。①明朝末期，日本在长崎铸造了中国宋、明时代的年号铜钱，史称"长崎贸易钱"，作为与中国商人交易时的支付货币，源源不断地流入中国沿海，特别是浙江沿海。到日本第108代后水尾天皇宽永三年（明天启五年，公元1626年）时，在得到幕府及水户藩的许可后，水户田町富商佐藤新助开始铸造"宽永通宝"新钱。因有利可图，公元1636年，日本各地钱炉大量铸造"宽永通宝"，之后中国铜钱才逐渐退出日本流通领域。"宽永通宝"一直至德川幕府灭亡而停铸，至明治初年还在使用，前后流通长达240余年，是流入中国数量最大的铜钱品种。值得一提的是，史料上记载南明隆武政权于公元1648年借兵日本萨摩藩对抗清军入侵，但未获幕府同意而出兵，其资助了南明隆武政权舟山基地几十万洪武钱。根据日本货币流通的情况，萨摩藩所送钱币不可能是明朝廷赏赐给日本的洪武、永乐钱②，倒有可能是日本西部九州岛岛津氏领内大隅国的加治木自铸的"洪武通宝"。公元1651

---

① （明）朱国桢.涌幢小品［M］.北京：文化艺术出版社，1998.

② 洪武二十六年七月，朱元璋再次下令彻底关闭各省的铸钱局。二十七年八月，朱元璋宣布彻底"禁钱令"，关闭全国所有的铸局，并禁止铜钱流通。此后，明朝前期除永乐六年和宣德八年曾两次铸过铜钱外，这一禁止铜钱的政策，一直持续到景泰帝上台。永乐、宣德两次铸钱并不是以流通为目的，而是用于赏赐海外诸国。

年，郑成功委托日本长崎铸造三种版别的"永历通宝"折二钱，流通于福建和浙江沿海诸府和舟山等地。

三、中国白银大量输出、贸易银元和轻薄铜钱大量输入

英国工业革命之后，大量的工业产品需要销售出去，在没有掌握瓷器制造、丝绸纺织，以及在印度大吉岭大规模种植茶叶之前，欧洲与中国的贸易一直存在较大的逆差。英国每年要从中国进口大量品质优良的丝绸、茶叶与瓷器，但中国很少从英国进口其工业产品，因此英国东印度公司将容易让人成瘾的鸦片倾销中国，大量鸦片的进口导致中国白银流向欧洲。公元1767年以前，英国每年向中国输出的鸦片不过200箱（每箱50~60千克），公元1839年达到4万多箱，美国也从土耳其贩运鸦片到中国。公元1821—1840年，中国白银平均每年外流约500万两。为阻止白银流出，清政府主张禁止鸦片进口，虎门销烟使英国失去了中国这个最大的鸦片市场，最终促使英国发动了第一次鸦片战争。

公元1840年7月5日，英国侵略军在舟山群岛打响鸦片战争的第一次战役——定海战役。英军攻下定海城之后，立即成立军政府，直到公元1841年2月25日第一次撤离。同年9月底，英军为扩大侵华战争，调集31艘舰船，载陆军2 100多人，再犯定海。驻守的三总兵（定海镇总兵葛云飞、处州镇总兵郑国鸿、寿春镇总兵王锡朋）率守军五千余人抵抗，先后壮烈殉国，定海再次沦陷。公元1842年，英国与清政府签订丧权辱国的《南京条约》，开始了中国半封建半殖民的统治。公元1846年3月，英国政府不甘心将舟山交归给清政府，与清政府签订一个附加的《中英退还舟山条约》。条约称：英军退还舟山后，大皇帝永不以舟山等给予他国。舟山等岛若受他国侵伐，英国应为保护无虞。

鸦片战争之后，世界列强纷纷铸造适合与中国贸易的银元，如日本、美国、英国、法属印度支那等贸易银元，其中日本、美国和英国

的贸易银元在舟山沿海流通广泛。墨西哥独立之后西班牙本洋停铸，公元1823年开始铸造的鹰洋，公元1897年以前的花边鹰洋和公元1898年以后的直边鹰洋均大量流入中国，成为中国大额货币交易中的主流货币。

日本从仿制钱、贸易钱到宽永钱大规模铸造，其所铸钱币普遍轻于中国铜钱，铸钱工艺突飞猛进。日本"宽永通宝"在长期的中日贸易及其他渠道源源不断地流入我国，与中国国内制钱混合流通，开启了往复牟利的阶段。虽经清政府的收归销熔，但至今不少与流入我国城乡各地的清代铜钱夹杂，尤其在东南沿海各省流通的钱币中的比例更高、更多见，成为混入我国的外国方孔铜钱之冠。

此外不少邻国旧古钱币也在我国流通，像朝鲜王朝的"常平通宝"、日本孝明天皇文久三年至明治天皇庆应三年（清同治二年至六年，公元1863—1867年）铸于江户、深川银座及浅草金座的"文久永宝"，以及少量"琉球通宝"等。

牟利最为严重的是安南的铸币，有"景兴通宝"（"巨宝""大宝"等名目繁多）"景盛通宝""光中通宝"等轻薄小钱，其每枚重量有的甚至低于2克，不断从中国陆上边境及东南沿海地区流入。

清朝末年，日本曾大量收购中国制钱，抓住国际铜材价格的暴涨时机而牟取利益，也有中国古代毁像、伴生等原因，有部分铜钱中有金银，通过其掌握的先进冶炼技术从中提取铜钱中的贵金属，导致晚清时流通的制钱量锐减，从而推进了中国铜元的铸造和地方政府开铸银元，维护清政府的货币主权，最终在民国时完成"废两改元"，促进了中国的币制改革。

海上丝绸之路中的舟山群岛通过海外贸易为主体的钱币流入流出历史，展现出中国沿海货币流通不同表现的三个阶段，以及最后融入世界货币体系的缩影。舟山群岛作为海丝之路钱币流入流出现象的代表，从一个侧面反映中国不同时期国家的综合国力和币制变革的历史。

第二章　南宋"钱荒"现象与浙江沿海地区的铜钱外流

　　"钱荒"作为专用术语产生于宋代，是指由于流通领域内铜钱相对不足而引发的一种金融危机，根据文献记录，汉代就存在钱币流通量不足的情形，唐五代较长时间存在钱荒状况，到两宋时问题更为严重。宋神宗熙宁年间，"两浙累年以来，大乏泉货（货币），民间谓之钱荒"[①]；哲宗元祐年间，"浙中自来号称钱荒，今者尤甚"[②]；南宋时舟山群岛等沿海地区也是"物贵而钱少"[③]。

一、导致南宋"钱荒"现象的主要原因

　　"钱荒"是南宋的一个社会经济问题。在南宋的流通领域中，铜钱始终是最主要的货币，但由于矿冶业的衰落，使铸钱量减少，而社会经济的发展又需要货币流通量增大，这是造成"钱荒"的客观因素和基本因素。然而在当时以铜为主的货币体制下，虽然纸币、金银币也具有了价值手段、支付手段、流通手段等货币职能，但纸币不具备完整的法偿能力，金银币又未充分获得价值尺度和流通手段的职能，因此它们都未能取代铜钱成为流通中的主要货币。纸币的广泛使用及"钱会中半"赋税政策的实行造成纸币贬值、物价飞涨、铜钱价高，

---

　　① 广东省立中山图书馆编.中国古籍珍本丛刊·广东省立中山图书馆卷［M］// 郧溪集.北京：国家图书馆出版社，2015.

　　② （宋）李焘.续资治通鉴长编［M］.北京：中华书局，1979.

　　③ （宋）李心传.建炎以来系年要录［M］.北京：中华书局，2013.

直接促使钱荒的发生，而可作流通的小平钱被老百姓窖藏起来或熔铸作器皿更是加剧了"钱荒"。

一是钱币外流金、辽、西夏等周边少数民族。金朝通过收取"岁币"、榷场贸易低价出售物资大量套购宋钱，采取短陌制，招揽南宋客商过界贸易，发行并流通纸币以收兑宋钱。因铜钱贩卖有利可图，铜钱通过各种渠道流入淮河以北的金国等少数民族政权现象十分猖獗。

二是南宋境内流通的纸币排挤部分铜钱退出流通领域。南宋时，商业贸易达到空前的繁荣，不但需要更多的通货，而且需要更轻便的通货。为了防止铜钱外流，并支付庞大的军事开支，南宋政府采取了发行"关子""会子"等纸币的办法，来弥补国用军需。由于"会子"法偿能力不完整，贬值和"舍会取钱"情况普遍存在，造成老百姓为获取铜钱，以完纳税务不得不低价出售农副产品取得铜钱，降低手中的"会子"价格去兑换铜钱，使"会子"贬值，铜钱更趋紧缺。纳税须"钱会中半"的规定，加大了货币的需求量，使铜钱供不应求。

三是民间和官府的大量铜钱"沉淀"造成人为的通货紧张。在实物货币流通阶段，钱币是有价值的特殊商品。一枚铜钱在古代的冶炼技术下包含了原材料开采、冶炼成本，铸钱又需要人工、器材、厂房、管理等费用。当铜钱价值超过使用面值时，民众必然将钱币贮藏起来。北宋所铸铜钱和前朝继续流通的标准铜钱总量庞大。北宋每年铸币量高达一两百万贯，元丰年间甚至有超过500万贯的纪录。[①]唐代年铸币量最高不到33万贯；明代近300年铸币总量还不及北宋元丰年间一年所铸的货币。据学者统计，北宋末市场铜钱总量约有3亿贯，铜钱的沉淀包括政府税收的大量钱币回笼国库，同时民间铜钱储蓄风气极盛，以致南宋时，朝廷针对铜钱的沉淀出台了"命官之家存留见钱

---

① 彭信威. 中国货币史［M］. 上海：上海人民出版社，1958.

第一篇　舟山群岛海外交往与货币的流通

17

二万贯，民庶半之"①的法令，超额铜钱须换成金银、钞引之类。但以宋朝松弛的社会控制，法令肯定无法执行。

四是到了南宋时期矿冶业的衰落，铸钱数额减少。战争使矿冶业受到严重摧残，建炎、绍兴年间，鼓铸皆废。绍兴二年（公元1131年），永丰监恢复了铸造，江、池二州残破……一年只铸得八万缗，其他铜钱监多未恢复，如韶州永通监，直到绍兴二十七年（公元1157年）仍旧是久废，兴复甚艰，兼物料不足，及至乾道元年（公元1165年），亦不过是逐年铸钱多不及三千贯或四千贯，几同停废②。虽然南宋政府也千方百计开发铜源，由于原料不足，江南十四州岁产铜仅二十六万三千余斤，铜源的严重不足，使南宋铸钱质差量少。

五是纸币贬值，铜价增高，导致大量铜钱被毁铸器。收储铜钱可以保值，南宋后期的纸币——"会子"贬值严重，第一界"会子"可以兑换近800文铜钱，发行到第十八界时，每贯"会子"只可兑换铜钱不到200文。这就是典型的"劣币驱逐良币"现象。铜材价值相对稳定，铜钱的面值低于材值，就使"毁钱铸器"有利可图，"自艰难以来，饶、虔两司鼓铸遂亏，而江浙之民巧为有素，销毁钱宝习以成风。其最甚者，如建康之句容、浙西之苏湖、浙东之蠡越，鼓铸器用供给四方，无有纪极计"③，这些地方正是"钱荒"的重灾区。宋政府实行"钱禁"对策，严厉禁止商人携带铜钱出境贸易，禁止民间私自毁钱铸器，但不符合经济学的逻辑。

二、铜钱外流对"钱荒"的推波助澜

铜钱大量外流到北方少数民族政权和海外各国，加剧了"钱荒"

① （元）马端临.文献通考［M］.北京：中华书局，2011.

② （元）脱脱.宋史［M］.北京：中华书局，2016.

③ （宋）李心传.建炎以来系年要录［M］.北京：中华书局，2013.

的严重程度。宋代浙江是我国丝绸主产地，沿海贸易十分繁荣。由于陆路运输时间长，不安全因素多，而海上运输成本低，在掌握海上航行技术和路线规律之后，隋唐时运送的主要大宗货物丝绸就多走海上通道。舟山群岛处于中国南北航道中心，与海外交通密切相关，一直是作为明州（今宁波）的外港而存在。自唐朝中期以来，舟山群岛就作为我国海外贸易的重要港口。从唐朝开始，中央政府就在明州设立了市舶使，专门管理海外贸易。

面对北方强敌及西方多个国家和部落政权，宋朝没能控制西域。历代中国封建王朝的都城有从西转到东，从北迁居到南，从而更加靠近运河体系中心。原先的陆上丝绸之路走不通，为取得海外贸易的市舶利润，宋朝统治者开始寻找新的贸易通道，催生了海上贸易。北宋时期，明州、广州、泉州成为全国三大对外贸易港口城市。南宋偏安东南，以临安（杭州）为首都，为了挽救政治、经济上的危机，海外贸易成为重要的财政来源，因此南宋比前代更加积极地发展海外贸易。外商来往备受青睐，统治者在明州欢迎日本、高丽商船"支送酒食""举行燕犒"十分优待。南宋时，明州港商舶往来，物货丰衍，呈现一派繁荣的景象。这种繁荣景象维持到元、明，明朝后期开始衰弱。

宋室南渡后，由于对金、辽的连年战争和赔款，国库财政支出紧张，其中一项开源之路就是发展海外贸易，通过对进口货物征税，提高中央财政收入。当时的海外贸易中，各港口是有分工的，南部的广州、泉州主要对南洋诸国，对琉球的贸易是泉州的优势；东部的明州主要对东北亚国家，如日本、高丽和渤海等国。宋高宗赵构对市舶之利曾有一段话："市舶之利最厚，若措置合宜，所得动以百万计，岂不胜取于民？"①南宋绍兴十六年（公元1146年）又提道："市舶之利，

---

① （宋）熊克.中兴小纪［M］.北京：商务印书馆，1937.

颇助国用，宜循旧法，以招徕远人。"①海外贸易对南宋的财政收入起着重要的作用。宋朝南迁后，所有的朝贡使团都是从海路前来，海外贸易占到朝廷岁入的20%。

北宋九朝，市舶司岁入最高额是英宗朝（公元1064—1067年），岁入达63万贯，到南宋，高宗末年岁入达200万贯。北宋熙宁之后，北方港口受辽金所阻，对东北亚各国以明州为便利，国家也确定明州为这个方向的主要港口，到了南宋更是如此。从辽东半岛经朝鲜半岛到日本的陆路交通已被隔断，所以南宋输往高丽、日本的货物，都以明州港为出发点。由于海外贸易带动了明州农业、手工业、商业的发展，尤其是造船业在全国名列前茅，并一度成为我国重要的造船基地之一。从明州港到日本博多港（今九州福冈），利用初夏的西南季风，顺风只需五天至七天；到高丽，越东海、黄海，沿朝鲜半岛南端西海岸北上，到礼成江口也很方便。

北宋时就规定，凡开往日本、高丽的商船，必须在明州市舶司办理手续，南宋也沿用旧例，规定输往日本、朝鲜的货物，包括广州、泉州和其他港口的货物，要先到明州统一办理手续才可输出；日本的商船到中国，也首先到明州集中，统一办理进口手续，然后部分货物中转其他港口，因此更加强了明州港在全国海外贸易中的枢纽作用。通过明州港进出口的货物品种繁多，主要出口货物有：丝绸、绫绵、瓷器、茶叶、书画、文具、铜钱等，从日本进口的货物主要有：黄金、砂金、硫黄、木材、刀、扇、漆器等，从朝鲜进口的货物主要有：人参、药材、白银、皮货、布匹等。南宋政府在明州设立的市舶司，除管理商舶、商人进出港、招徕和保护外商等事宜外，就是征收舶税。开始税收很高，细色（货）五分抽一，粗色货物七分半抽一，后来为招徕外商和鼓励本国人从事海外贸易，遂改为十五分抽一、十九分抽一。为了适应进出口货物管理的需要，南宋政府设立了庞大

---

① （宋）熊克.中兴小纪［M］.北京：商务印书馆，1937.

的市舶司和市舶库，海外贸易为南宋统治者维持半壁江山和为明州的商业发展都发挥巨大的作用。

海外贸易的繁荣必然产生货币的输出。宋代铜钱的外流，加剧了南宋钱荒的严重程度。《宋史·外国传》中记载，有29个国家得到过宋皇朝的铜钱，而且是官方给的，至于私下交易，更是不可计算。南宋理宗淳祐二年（公元1242年）七月，日本一次航海运去铜钱十万贯，相当于南宋一年的铜钱铸造量。

中国铜钱外流，史料中早已有之。到两宋时期，外流铜钱数量之巨相当惊人，从北宋起，面对铜钱的日益外流，政府屡屡发布禁令。宋太祖乾德初年（公元963—968年）下诏严禁铜钱"阑出江南、塞外及南藩诸国，差定其法，至一贯者徒一年，五贯以上弃世，募告者赏之"[1]，但虽有禁而不止。到南宋绍兴七年（公元1140年），市舶司还建立一定的制度，规定船舶解缆前，需经官吏临场检查，船舶放行后，检查官员还须继续监视，直至船舶远离港口入洋面，借此以防止铜钱私装或海上进行走私。此后几乎朝朝发禁，年年申严，但无法杜绝铜钱外泄。宋代的互市舶法条中记载："南渡舶司岁入固不少，然金银铜铁，海舶飞运，所失良多，而铜钱之泄尤甚。法禁虽严，奸巧愈密，商人贪利而贸迁，黠吏受贿而纵释，其弊卒不可禁。"另外，如高丽、东南亚诸国"……地产铜，不知铸钱，中国所产钱，藏之府库。""……买卖交易行使中国历代铜钱。"把中国铜钱作为镇国之宝，并窖藏起来，故"入蕃者非铜钱不往，而蕃货亦非铜钱不售"。[2]铜钱成了宋代海外贸易极受欢迎的硬通货。

铜钱的大量外流，贯穿南宋一朝。当时的朝野人士刘晋之议："巨家停积，犹可以发泄，铜器胚销，犹可以止遏，唯一入海舟，往而不

① （元）脱脱. 宋史［M］. 北京：中华书局，2016.

② （元）脱脱. 宋史［M］. 北京：中华书局，2016.

返。"①监察御史陈求鲁说："夫钱贵则物宜贱，今物与钱俱重，此一世之所共忧也。蕃舶巨艘，形若山岳，乘风驾浪，深入遐陬。贩于中国者皆浮靡无用之异物，而泄于外夷者，乃国家富贵之操柄。所得几何，所失着不可胜计矣……"②各大铜场冶炼的铜都用于铸钱，铸钱的机构便相应设置起来，同时严厉管制铜料，禁止民间私有。宋初规定，犯"铜禁"七斤以上者就要被奏裁处死，但仍挡不住贸易交易的逐利性。

在北宋时期，由于高超的铸币技术，钱文文字秀丽，铜钱的流通量大，反映了宋朝时期经济的繁荣，繁荣的商业往来促使参与流通的货币需求量激增。而在政治上，王安石变法中的免役法，即以雇代役，实际上就是劳役的货币化，这也在一定程度上促进了货币的流通。当时宋代有多种形制的货币使用：交子（纸币）已经在社会上流通；白银、铁钱、铜钱也是当时重要的货币，其中又以铜钱占据着主导地位。宋哲宗元丰八年（公元1085年）"复申钱币阒出之禁"，到了南宋，从海上外流的铜钱更加严重，中外商船纷纷违禁偷运。南宋时，浙江沿海是中国铜钱从海上外流的主要港口。因明州是日本、高丽对应的主要海外贸易港口，因此外流去向主要是日本。日本在公元8—10世纪时，曾铸造铜钱，但是由于铜矿贫乏、产量很低，公元10—17世纪，以使用中国铜钱为主。淳祐四年（公元1244年）"复申严漏泄之禁"，淳祐十年（公元1259年）、咸淳元年（公元1265年）也均下诏严禁，但终收效不大。

台州知州包恢（公元1182—1268年）见证了台州"钱荒"的历史。据其《敝帚稿略·卷一·禁铜钱申省状》记载：

淳祐三年（公元1243年），日本商船未到宁波，"先过温（州）、台（州）之境，摆泊海涯，富豪之民，公然与之交易。倭所

---

① （元）脱脱.宋史［M］.北京：中华书局，2016.

② （元）脱脱.宋史［M］.北京：中华书局，2016.

酷好者铜钱而止，海上民户所贪嗜者，倭船多有珍奇，凡值一百贯文者，止可十贯文得之；凡值千贯文者，止可百贯文得之"。日本商船在离开宁波后，因"博易尚有余货"，复至台州一带进行民间贸易："复回旋于温、台之境。低价贱卖，交易如故。所以今年之春，台（州）城一日之间，忽绝无一文小钱，在市行用。乃知本郡奸民、好弊，至此之极，不知前后辗转，漏泄几多，不可以数计矣！"①

此段文字讲的就是日本商船的贩运铜钱之事。当时日本使用中国铜钱，日本商船来中国经商，目的意在获取铜钱。如到庆元（今宁波）的日本船，先在温州、台州海中停泊，和当地沿海居民做生意，东西卖得很便宜，值一百贯钱的只卖十贯钱。然后到庆元贸易，等到回国时，又到温州、台州低价出卖余货。一个偌大的台州郡城，一日之间，突然市上"绝无一文小钱"流通，可见"钱荒"已达到了影响自身交易的程度。

许多宋朝人认为铜钱的大量外流造成了"钱荒"。宋朝经济发达，与日本、东南亚、阿拉伯乃至非洲开展密切的国际贸易，宋钱差不多成了这一贸易区的国际货币。不但日本"所酷好者铜钱而止"，交趾（今越南）跟宋人交易，也"必以小平钱为约；而又下令其国，小平钱许入而不许出"②；爪哇国也用胡椒交换宋钱。今天在东非、印度、波斯湾等地，均有宋钱出土。为阻止铜钱外流，当时有人甚至提议：干脆关闭贸易港口，中断与外商的贸易。

三、铜钱外流的利弊分析

中国铜钱外流，特别是南宋时期从浙江沿海流向日本的中国铜钱数量之巨，非常惊人。南宋时期，铜钱外流一般都是通过商业交流产生的，外流的中国铜钱与东洋货物输入是通过等价交换，甚至溢价出

① （宋）包恢.敝帚稿略［M］.台北：台湾商务印书馆，1972.

② （宋）李心传.建炎以来系年要录［M］.北京：中华书局，2013.

口，中国铜钱（货币）被当作一种硬通货。尽管铜钱外流造成一时局部商品流通困难，但从总体来说，通过海上贸易，实现了互通有无、互惠互利。如宋代黄金的价格比日本高，日本黄金就大量输入中国。南宋理宗宝祐年间（公元1253—1958年），明州港一年由日本商人输入的黄金总额约有四五千两[①]，而南宋时中国黄金产量也只有数千两。

中国铜钱外流数量在南宋时期达到历史最大规模，虽对局部地区商品交换造成困难，但还不至于对整个社会经济全局造成严重的影响，因为"钱荒"只是暂时的、局部的现象。南宋时，中国铜钱从海上大量外流，有利有弊，利大于弊。

一方面，中国的钱币作为国际硬通货、商品媒介物在东亚和东南亚可以流通；另一方面，中国钱币也是一种纯粹的商品，由于掌握先进的铸钱技术，靠附加值赚取高额利润，中国铜钱克服了东亚与东南亚诸国因技术和资源限制而不能完全铸造流通所需货币的矛盾。中国货币大量流入高丽，并作为流通手段、结算手段被使用。从秦汉直至隋唐五代，在交趾地区（今越南）所使用的都是中国各代王朝所通用的钱币。直到10世纪中叶，安南建国后，中国钱币仍在安南大量流通使用。受中华文化影响，现今的越南在历史钱币铸造上，从形制、工艺、文字、书法艺术都与中国钱币如出一辙。日本长期把中国铜钱作为主要流通手段，北宋时期载入文献来往于宋日的商团有70多次。中国铜钱"渡来"流通于日本，持续500年以上。

流往异国的一些中国钱币，一些国家并不作为货币使用，而是发挥文化交流、仿效和鉴赏的作用。如中国铜钱流到东亚的朝鲜，一开始并没有作为货币使用。而是"藏之府库，时出以示官屑传玩焉"[②]，纯粹是一种文化意义。历史上的爪哇，在通行中国铜钱的同时，在宗教仪式、中式医药、民间风俗等日常生活里都离不开中国的圆形方孔

---

① ［日］加藤繁.中国经济史考证［M］.北京：商务印书馆，1973.

② （宋）徐兢.宣和奉使高丽图经［M］.北京：中华书局，1985.

钱。在印度尼西亚的一些岛屿还保留着一种很有意思的习俗，即把铜钱视作护身符，一种宗教仪式的神物，有点儿像古代中国先民对玉、贝币的崇拜，也有点儿像后来中国有关民俗宗教活动的厌胜钱。

中国钱币通过"海上钱币之路"的输出，确立了以中国货币为核心的东方独立货币体系，具有重大的意义。除了从中国输出的钱币促进了输入国贸易、经济繁荣，也直接促进了中国外贸经济的发展与繁荣。中国两宋时期钱币的大量输出，虽造成了国内的"钱荒"，但在商品交往的同时，也沟通了文化交流，促进了文化的发展和进步。从使用中国钱币，到仿铸中国流通钱币，从而在一个区域内正式形成了以圆形方孔钱为代表，钱币名称沿用"通宝"钱制，铸币标准、大小依照中国小平钱，钱文用汉字，铸币取材以铜料为主，大小、厚薄、规格、质地与中国钱相似的中国汉文化圈货币体系，这是中国对世界货币文化的一大杰出贡献。

第二篇

舟山群岛与汉文化圈各国的货币贸易往来

第一章　对南明时期日本所送舟山数十万洪武铜钱的考辨

舟山清朝光绪年间舟山地方志①中有"（南明隆武时）日本致洪武钱数十万"的记载。"致"有4个义项，此应为送给、给予的意思。之前，《舟山市金融志》就此事撰文说："中国送给了日本数十万洪武钱。"②之后又有作者发表文章持此观点，为此谢振国先生发文作了考证进行纠正。③舟山地方志记载这件事引用的史料主要源于史学家黄宗羲所著的《日本乞师记》和其他数十种南明史料。

一、借兵未成，日本萨摩藩主送钱

崇祯十七年（公元1644年），崇祯帝在北京自缢后，南方宗室藩王相继建立政权同清军对抗，这几个短命的政权，史上统称为南明政权。在隆武朝，有一支由周鹤芝（有写作"周崔芝"）带领的主力水军。周鹤芝，字九玄，号九京，福建福清县仁寿里（今音西镇）松潭人。精于武艺，以善射名，行侠仗义，当地土豪视为眼中钉，屡次想加害他，后离开家乡，成为有名的"汪洋大盗"。周鹤芝曾说："大丈夫乘时立功，当及筋骨尚壮，为朝廷用。"④崇祯间，周鹤芝接受明朝

① （清）史致训，黄以周.定海厅志［M］.上海：上海古籍出版社，2011.

② 董秉权.舟山市金融志［M］.上海：上海社会科学院出版社，1996.

③ 谢振国.考辨舟山历史上数十万洪武钱之谜［N］.舟山晚报，2012-01-15.

④ （清）四明西亭凌雪.南天痕·卷二十四［M］//台湾文献丛刊.新北：台湾大通书局，2009.

廷的招安，任命为把总，负责稽查温州乐清柳市黄华关海上船只、边关安全和贸易。[①]清军入关后，周鹤芝举兵抗清。

顺治二年（公元1645年），朱聿键在郑芝龙等人的拥戴下，在福建建宁称监国。掌握军权的郑芝龙（郑成功的父亲）逐渐倾向投降，张肯堂受到排挤。驻守舟山的黄斌卿是个"骑墙派"，开始接受浙江鲁王政权的招纳，在利益权衡下归顺福建的隆武政权。为了能控制舟山，当年秋天隆武帝封周鹤芝为水军都督，名义上为辅助黄斌卿，派遣其水军到舟山驻守。这年冬天，因周鹤芝与日本的关系熟稔，隆武帝第一次遣使日本乞师，朱舜水随张肯堂前往日本。据黄宗羲《日本乞师记》载：

其冬，鹤芝遣人至撒斯玛，诉中国丧乱，愿假一旅，以齐之存卫，秦之存楚故事望之。大将军慨然，约明年四月发兵三万，一切战舰、军资、器械，自取其国之余财，足以供大兵中华数年之用。自长崎岛至东京三千余里，驰道、桥梁、驿递、公馆重为修葺，以待中国使臣之至。鹤芝大喜，益备珠玑玩好之物以悦之。[②]

驻守舟山的江北总兵黄斌卿，纵兵抢掠商贩，周鹤芝力劝之，同时亲自前去调解商贩与官兵的矛盾，制定策略安抚商旅，对各地来舟山投奔的义士以礼相待，导致大部分义士投奔在周鹤芝麾下，黄斌卿很是恼恨。顺治三年，丙戌（公元1646年）正月[③]，唐王封周鹤芝为平鲁伯，命其镇守海口、镇东两城。按照上年与日本的约定，4月初即派遣参谋林籥舞（有称林学舞、钥舞）为使，打算东行日本。在驶离舟山解缆之际，总兵黄斌卿出来阻止，他对周鹤芝说："大司马余煌（天启状元，绍兴会稽人）来信说这是吴三桂乞师的后续。"周鹤芝

---

① （清）黄宗羲.日本乞师记［M］.上海：时中书局，1910.

② （清）黄宗羲.日本乞师记［M］.上海：时中书局，1910.

③ 南明众多史料中，第一次向日本借兵的年份不同，有公元1646年、公元1647年、公元1648年三种，经考证应为公元1646年。——编者按

一气之下离开舟山南下福州。朝见隆武帝后，改任"平海将军"，继续统领水军。3月，郑芝龙也遣使向日本德川幕府请求出兵。日本"以拒绝为耻，纪州、尾州、水户之藩更竟欲出任总大将。"由于郑芝龙决意投降，撤去福建与浙江、江西交界的重要关隘军力，造成清军乘虚而入。8月，唐王朱聿键被杀。日本军队还未出发，听说郑芝龙降清、隆武帝被杀的消息，因此日本也就停止出兵。10月，周鹤芝与郑彩率师攻占福州，因寡不敌众，兵败而归。年底，在清兵的围攻下，退守海坛火烧屿。

　　南明把向日本借兵当成恢复大明的最后希望，唐王政权失败后，张肯堂飘泊海外。顺治四年（公元1647年）周鹤芝再次派其义子林皋（林高）到日本，向其义父萨摩藩主岛津氏求援，结果还是不成功。鲁王监军御史冯京第对黄斌卿曰："北都之变，东南如故，并使东南而失之者，则借寇之害也。今我无可失之地，比前者为之不伦矣。"秋季，黄斌卿派他的弟弟黄孝卿同京第往长崎岛。公元1647年发生"长崎对峙事件"，试图与日本重建贸易关系的葡萄牙舰队在长崎与德川幕府发生对峙，最终贸易请求被拒绝而撤退。因刚发生对峙事件，长崎王不让其登陆。京第即在船中穿着明朝的官服拜哭。萨摩藩主听到长崎王拒绝中国使臣，很是气愤。因与幕府大将军议，决定发各岛罪人出师。京第则带回数十万钱回舟山，黄孝卿假商舶留长崎等候发兵，然其在长崎狎妓，乐不思蜀，将乞师一事抛之脑后，本来日本幕府对南明乞师事颇有争议，见孝卿如此，而为日本人看轻，乞师一事更为落空。这次乞师，在明末清初翁洲老民所著《海东逸史》中的"朱之瑜（朱舜水）"条也有相似记载："（御史）京第劝斌卿乞师日本，斌卿因命弟孝卿副京第往，之瑜从之。撒斯玛王许发罪人三千及洪武钱数十万，京第先归，之瑜（朱舜水）留，而师不果出。"[①]这次乞师朱舜水直接参与，撒斯玛王（萨摩藩主，正式名鹿儿岛藩主岛津

---

① （清）翁洲老民. 海东逸史［M］. 杭州：浙江古籍出版社，1985.

氏）送了数十万洪武钱，但出师许诺落空。

顺治五年（公元1648年），鲁王封周鹤芝为平夷侯，率水师于浙江沿海抗清。顺治六年（公元1649年），张名振、王朝先、阮进奉鲁王令攻克舟山，杀黄斌卿。张肯堂等福建官僚多随鲁王来到舟山，鲁王任命张肯堂为东阁大学士。后又两次派使者抵达日本，先后会晤幕府将军德川家光等实权人物，但日本方面一直犹豫未决。顺治八年（公元1651年），鲁王朝驻守舟山的百官，包括相国张肯堂等死于"辛卯之役"。顺治十六年（公元1659年），郑成功、张煌言亲统大军北上，"南京之战"失败。朱舜水最后一次出使日本借兵流亡日本，再度无果而终。朱舜水先后请兵日本、安南、暹逻奔波了15年，在学生安东守约的帮助下定居日本长崎，后受德川光国之请迁居江户（今日本东京），广收门徒，讲授儒学。康熙元年（公元1662年），南明最后一位皇帝永历帝，在昆明被吴三桂的部下用弓弦勒死，南明灭亡。南明向日本借兵一事，彻底宣告破产。

二、萨摩藩是灭琉球国的主力军

萨摩人，据说是中国台湾省高山族人的后代（在长相、习俗方面有很多的相似之处），也有说是徐福从秦朝带来的。公元3世纪起居住在日本最南端的萨摩半岛上，附近地区的日向人、大耦人都是由萨摩人繁衍而成。萨摩武士，尊敬强者，崇尚武力。

周鹤芝的义父——日本萨摩藩主岛津氏，是江户幕府（公元1603—1868年）三百藩中的四大雄藩之一，其实力可与幕府相抗衡。明治初，该藩与长州藩一起组成倒幕联盟，主张废除幕府，还政天皇，开启了日本的"明治维新"。在明治天皇掌握政权之后，日本内阁的大多数阁员都来自萨摩藩。

中国曾是琉球500多年的宗主国，万历三十七年（日本庆长十四年，公元1609年），桦山久高率兵3 000人、船100余只，自九州岛山川港出发入侵琉球，在琉球大岛登陆，占领首里城。萨军俘虏琉球王尚宁和王子官员100余人，撤兵回国。据琉球国史《球阳》①记载：萨摩藩入侵琉球后，该藩派遣官员，测量分配田地，划清国界，制定赋税，要挟琉球向萨摩纳贡，琉球政府还要被迫授予萨摩所派人员官品职位。尚宁王之后，尚丰王十一年（公元1632年），琉球在被萨摩所占岛屿建立馆舍，两国同时派官员管理来往贸易和税收。此后琉球王国沦为萨摩藩的魁儡政权。萨摩藩向琉球派遣官员长驻琉球以监视琉球的举动。

公元1654年，琉球王遣使臣到清朝请求册封。清顺治帝封尚质王为琉球王，琉球成为清王朝的藩属，但实际上琉球国是表面上向清朝称臣，但实质向萨摩藩称臣，与清朝官方的朝贡贸易收入再被实际宗主萨摩藩剥削一次。在江户幕府闭关锁国的政策下，萨摩藩控制琉球诸岛就可以控制与中国之间的贸易，通过变相方式获得国际贸易的收入。萨摩藩在200年后的幕府时代能够有足够的资本成为倒幕运动主力，进而成为维新政府的主事者之一，与此不无关联。及至尚贞王在位二十五年（公元1693年），琉球"创定姑米、马齿两岛，遣大和横目职两员，看守贡船往来"。同时，萨摩藩最终征服琉球北部五岛。

由于琉球王国被萨摩藩控制，于是萨摩藩于日本文久三年（公元1863年）铸造了"琉球通宝"两种大钱，一种为仿"天保通宝"椭圆龟背形钱，面文直书"琉球通宝"（见图2-1-1），背无铸工花押，穿上"当"、穿下"百"，属当百大钱，有大小略异版式数种。另一种为方孔圆钱，面文"琉球通宝"（见图2-1-2）篆书，直读，背穿孔上"半"、下"朱"，亦为篆文直径4.2厘米，一枚当平钱一百廿八文使用。两种大钱制作都很精致，文字秀美。

① 高津孝，陈捷.琉球王国汉文文献集成［M］.上海：复旦大学出版社，2013.

图2-1-1　"琉球通宝"当百　　　图2-1-2　"琉球通宝"篆书直读铜钱

公元1872年，日本宣布琉球群岛是日本的领土，不承认中国自明朝洪武五年（公元1372年）起对琉球的宗主国地位，宣布废除琉球国，设置琉球藩，册封琉球国王尚泰为"藩王"，正式侵占琉球，琉球国就此终止了与清朝的外交关系。清朝光绪五年，日本将最后一位琉球国王尚泰和他的儿子尚典移居到东京。日本宣布设立冲绳县，并将这段历史称作"琉球处分"。

三、所送洪武钱应是萨摩藩自铸

黄宗羲《日本乞师记》所说：

京第还，日本致洪武钱数十万。盖其国不自鼓铸，但用中国古钱；舟山之用洪武钱由此也。①

高宇泰《雪交亭正气录》中记载：

日本初用"洪武"钱，后铸其国年号，而不敢销毁，藏之库；乃助孝卿为军需，舟山始行"洪武"钱。②

黄宗羲特别说明，日本不会自己鼓铸钱币，只能使用中国的古钱币，这是当时中国对日本地方仿制中国钱币情况不明所致。

但高宇泰则记载清楚稍有点眉目，说日本初用"洪武"钱（应指明朝政府朝贡所赐），其后自行铸造日本年号钱，洪武铜钱不敢销毁，藏入库。但萨摩藩所送的数十万洪武钱是否就是中国明初铸

① （清）黄宗羲.日本乞师记［M］.上海：时中书局，1910.

② （明）高宇泰.雪交亭正气录（《四明丛书》）［M］.扬州：广陵书社，2006.

造的洪武钱呢？答案是：不一定！较大可能是日本萨摩藩在加治木町仿铸的"洪武通宝"，该钱的重要特征是背面有"か""治"或"木"字。

明初财政困难，铜产量不高，铸造数量有限，洪武年间铸钱不多，铜钱供应量不足。全国除少数省外，都没有铸钱，年铸钱约十九万贯，其中洪武五年时铸钱最多。明初开始铜钱只称通宝，终明一朝，钱币上的文字要对朱元璋名字中的"元"字避讳，如元宝只能称"银两"，铜钱上不会出现"年号或国号+元宝"（如"大宋元宝"）的文字，而只用"年号+通宝"的文字形式。铜钱分小平、折二、折三、折五和当十共五等，分别对应一钱、二钱、三钱、五钱和一两，系统成套，更易于管制，方便流通。同时发行的"大明宝钞"纸币面额分为一百文、二百文、三百文、四百文、五百文、一贯共6种。一贯合铜钱1 000文，并实行铜钱、宝钞并用政策。政府为推行纸币单一流通，先停止宝源局铸钱，接着再停福建宝泉局铸钱。次年，各地宝泉局停止铸钱。由于纸币泛滥，通货膨胀，纸币信用一落千丈。洪武十年（公元1377年）又恢复铸钱。洪武十六年，朱元璋下令国内禁止流通铜币，发行小钞，于是很多铜钱被埋入地下，现今所称"洪武窖藏"。洪武二十年，完全停铸铜钱。洪武二十六年八月，只准京师宝源局铸钱，其他各省再次停铸、重铸的五等钱，按洪武元年铸行规定，改铜钱每文重一钱两分，其他四等钱依照小平钱之重递增。洪武二十七年（公元1394年），禁用铜钱，严禁金、银流通，各铸钱局停铸制钱。"洪武通宝"三番五次受到停铸。[1]明初铸造铜钱控制严格，"洪武通宝"铜钱存世量不是很大。因此有些记地钱、记地兼记值钱有较高的收藏价值。

明代中叶之后，日本政府放开唐宋旧钱流通，国内也开始仿制中国唐宋年号钱。据日本史料记载：自室町中叶开始，日本仿铸中国

---

① 彭信威.中国货币史·明代的货币［M］.上海：上海人民出版社，1958.

洪武通宝钱，钱背皆铸有记地文字，日本大隅藩主岛津氏在其领地内铸造"か""治"（见图2-1-3）"木"三种制钱，专门用于采购中国商品使用，俗称"加治木钱"。此后又陆续仿制20多种中国年号钱，正式开始了日本第二次自铸铜钱阶段。钱币史上称这阶段铸币为"贸易钱"。[①]这种铜钱在日本与中国贸易最重要的港口城市——长崎铸造最多，仿制的宋钱有"祥符元宝""熙宁元宝""绍圣元宝""元丰通宝""元祐通宝"，等等；明钱有"洪武通宝""永乐通宝"。"加治木洪武通宝"文字有点呆板，有些钱体过于厚重，其中背"治"多见，"か""木"少见。这些长崎贸易钱及日本铸造的"宽永通宝"铜钱通过与中国唐宋古钱混合，流入中国，特别是流入沿海地区。

图2-1-3　日本仿洪武通宝背"治"

① ［日］奥平昌洪.东亚钱志［M］.桂林：广西师范大学出版社，2021.

第二章　郑成功委托日本铸造的"永历通宝"

　　关于南明的时间段，学术界有着很多不同的说法，比较公认的是南明史泰斗顾诚提出的从崇祯十七年（公元1644年）李自成农民起义军攻破北京城，崇祯皇帝自尽开始，到公元1664年清军捣毁明朝在陆地上的最后阵地茅麓山结束，共20年。①

　　唐王隆武帝兵败身亡后，顺治三年（公元1646年），南明两广总督丁魁楚、广西巡抚瞿式耜、湖广总督何腾蛟等人拥立桂王朱由榔，在广东肇庆继皇帝位。②朱由榔为明神宗（万历皇帝）之孙，崇祯时受封"永明王"，隆武时荫袭桂王封号，承继大统后，乃取藩封"永"字，又取明神宗万历年号中的"历"字，定年号为"永历"，并开铸"永历通宝"钱。

一、舟山：重要的基地和贸易港口

　　郑成功，其父是隆武朝平国公郑芝龙。据史料记载，郑成功7岁时，被郑芝龙接回国抚养，从日本回福建的旅途中，停泊的头一站就是舟山。

　　南明隆武帝二年（公元1646年），清征南大将军贝勒博洛进兵八闽，隆武帝逃到汀州，第二天凌晨，隆武亡。③郑芝龙降清，儿子郑成功不从，毅然偕亲信将佐陈辉、洪旭90余人走鼓浪屿，以"忠孝伯、

---

①　顾诚.南明史［M］.北京：光明日报出版社，2011.

②　钱海岳.南明史［M］.北京：中华书局，2016.

③　（清）南沙三余氏.南明野史［M］.北京：商务印书馆，1929.

招讨大将军、罪臣国姓"名义号召抗清。其叔郑鸿逵及郑彩诸人据金门、厦门呼应。永历三年（公元1649年），郑成功拥西南桂王即永历帝为正朔，还接受了永历帝册封的延平郡王的爵位。顺治八年（公元1651年），清闽浙总督陈锦率清军分由崇明、台州、海门三路会攻舟山。鲁王属下驻守舟山的百官将士及居民万余人坚守舟山城，激战十余日，被清军掘地道破城，"辛卯之役"中将士大部战死，清兵攻占舟山要塞。张名振知舟山已失，遂护正在进攻长江口的鲁王南逃金门投奔郑成功。郑成功对鲁王的南来文官武将多收留使用。

顺治十八年（公元1661年），郑成功为了解决大军的后勤给养问题，听取何斌之建议，攻打由荷兰殖民主义者侵占的中国台湾岛，收复了祖国神圣领土台湾。康熙元年（公元1662年），郑成功去世。历郑经、郑克爽，康熙二十二年（公元1683年）清朝统一台湾。自隆武二年（公元1646年）清兵入闽之后，郑成功凭着水军优势占据金门、厦门，以及之后的舟山群岛，作为重要基地，郑成功的军备志中记载，其部专设有舟山守将一职，收复台湾之后，舟山守将一职仍保留下来。郑经当政后，舟山守将一职继续设立，可见郑氏父子对舟山的重视。

二、舟山群岛流通的"永历通宝"铜钱版式

南明小朝廷所铸造的钱币中以"永历通宝"铸造数量最多、版别最多，使用时间最长。根据历年的钱币研究成果，[①]"永历通宝"各版式共出现有小平、折二、折五、折十4种面值；[②]钱文书法多样，有篆书、行书、草书、楷书等。根据铸造区域的不同，基本明确永历通宝

---

① 郭建洪.折十永历通宝版式初探［J］.西安金融，1996（10）.

② 钱茂盛.永历通宝几种版别浅识［A］//第五次东南亚历史货币暨海上丝绸之路货币研讨会专辑［C］.福建省钱币学会第二次会员代表大会，1994.

钱大致分为三类，即"广东版""贵州遵义版""台湾版"。①

"广东版"是永历政权初期在广西、广东、湖南部分地区铸制的，以小平钱为主体的多种版式；"贵州遵义版"是永历政权后期大西军余部孙可望和李定国在贵州、云南地区铸制的大钱及折银钱；舟山流通的"永历通宝"主要是"台湾版"，字体有真、行、篆三种字体，为折二型光背钱，由奉永历朝为正朔的郑成功父子委托日本所铸，其主要流通于闽台地区。

第一种类型是永历政权在其直接控制下的广西、广东及周边邻近地区铸造的。以小平钱为主，也有少量折二型钱，又可分为光背钱和背文钱两种，版式品种较为复杂。光背钱中有"珍

图2-2-1　永历通宝背"敕"

宝"版别较为少见。背文钱有星纹及"工""户""御""敕"②（见图2-2-1）"定""国""督""府""道""部""留""粤""辅""明"等文字。除"定""国""留""粤""辅""明"多见外，其余字均少见，其中背"府"字钱目前仅见数枚，且钱币学界对其真伪尚存争议。

第二种类型是李定国和孙可望在云南、贵州地区铸造的，内外廓均较宽，以背有"五厘""壹分"字样的折银钱为主。永历三年（公元1649年）李定国、孙可望拥永历正位后，开铸背有"五厘"（见图2-2-2）、"壹分"（见图2-2-3）的永历钱。"五厘""壹分"是对银作价，故称折银钱。背"壹分"的折银钱有大小两种。小"壹分"折银钱的"历"字有四种写法，即上"双木"或"双禾"，下"目"或"日"四种版别，以下"日"版别较为少见。

---

① 周庆忠.永历通宝版式概述［J］.广西金融研究，2006（S1）.

② 寄奇.对永历通宝"敕文"钱的质疑［J］.广西金融研究，2002（S1）.

图2-2-2 永历通宝背"五厘"

图2-2-3 永历通宝背"壹分"

　　第三种类型是郑成功政权委托日本长崎铸造的。[①]永历二年（公元1648年），郑成功始奉永历正朔。为筹措军费，郑成功委托铸钱。永历五年（公元1651年），郑成功遣使通好于日本，日本同意提供铜、铅，并令官协助铸造，同年在日本长崎开炉铸造。康熙五年（公元1666年），郑经据台湾时，"上通日本，制造铜熕、倭刀、盔甲，并铸永历钱；下贩暹罗、交趾、东京各处以富国。从此台湾日盛，田畴市肆，不让内地"[②]。康熙十三年（公元1674年）郑经在厦门时，"又差兵部都事李德驾船往日本，铸永历钱"。1994年，福建漳州石码出土了一批"永历通宝"，这批永历钱与郑氏政权委托日本代铸的"永历通宝"存在许多差别。出土永历钱做工较粗糙，材质均为黄铜，钱缘未加锉边，留有烧铸的流铜，重量7.6克至8克，钱直径3厘米至3.1厘米。部分专家认为：这批出土"永历通宝"是郑氏政权据金厦（金门、厦门）攻漳州时在石码所铸，是一种临时铸币。对于这种出土的"永历通宝"是否为郑氏政权在石码所铸，钱币界存有不同的看法。[③]总体上郑成功铸永历钱版别和品种较为简单，只有折二型钱一种，均素背无文，钱文有篆书（见图2-2-4）、行书（见图2-2-5）、草书

图2-2-4 日本铸篆书永历通宝

① 林兆育.郑成功"永历通宝"版别补充［J］.西安金融，1999（2）.

② （清）江日昇.台湾外记［M］.福州：福建人民出版社，1983.

③ 林建顺.台湾南明郑氏第四次铸钱考析［J］.中国钱币，2013（5）.

（见图2-2-6）之分，文字秀美。舟山群岛是郑成功的重要基地，流通于舟山沿海的主要是郑成功委托日本铸行的这类铜钱为主。

图2-2-5　日本铸行书永历通宝　　　图2-2-6　日本铸草书"永历通宝"

郑成功和郑经一直着重海外贸易收入以养兵，舟山基地也成为郑氏向日本等海外贸易的重要港口。由于清军的封锁，军饷粮草难以筹措，无法长期坚持下去，为打开局面，郑成功提出大力发展海上贸易的举措。史书记载，在公元1650—1661年，郑成功共有607艘商船前往日本长崎行商。在与日本、菲律宾、柬埔寨、暹罗（泰国）、安南（越南）等国的东西洋贸易中获得的利润，每年约达70万两白银。郑氏与英国东印度公司、荷兰等国的贸易往来频繁[①]，这些收入保障了郑成功政权的经济支出。通过在日本铸钱，以及海上贸易为郑成功在明亡后仍得以生存，提供了强有力的军饷保障，对郑氏政权坚持长期抗清斗争发挥了巨大作用。郑成功与其子郑经所铸的"永历通宝"在闽浙沿海，特别是其管辖的基地里广泛流通，其所铸的钱币实物见证了这段历史，成为不可多得的文物。

---

① 林仁川. 清初台湾郑氏政权与英国东印度公司的贸易 [J]. 中国社会经济史研究，1998（1）.

第三章　明清时期流入舟山群岛及沿海地区的日本钱币

明朝之前，日本所铸的钱币总体上流入中国不多。明朝晚期，日本开始仿制中国宋、明年号钱币，有"祥符元宝""元丰通宝""元祐通宝"等仿宋钱，如前文所谈的长崎贸易钱，以及"洪武通宝""永乐通宝"等仿明铜钱，据统计达36种之多，这类钱币多通过经贸往来流入中国，且数量不少。在日本岛津氏领内的加治木铸造的"洪武通宝"，背文有"加""治""木"，俗称"加治木钱"。

一、"宽永通宝"先后在琉球和中国沿海普遍流通

据日本常陆（国）史料记载：宽永二年乙丑（明朝天启五年，公元1625年），时（第）108代后水尾天皇时，水户田町富商佐藤新助请铸宽永新钱，以供世用，得到幕府及水户藩的许可，遂于水户铸"宽永通宝"钱。此为铸新钱之始，其后累朝鼓铸。①

"宽永通宝"分古宽永与新宽永，其制法各异，钱文各体区别较为明显，容易辨别。宽永三年，水户田町之富商佐藤新助初铸"宽永通宝""宽永通宝"的"永"字一般由"二""水"组成，通称"二水永"，传世稀少，一枚难求。宽永十三年（公元1636年）幕府在江户桥场和近江坂本开设铸造场，为"宽永通宝"正式作为公铸官钱的开始，由此起至万治二年（公元1659年）所铸的称"古宽永"，特点是"宝"字末二、三笔相连，称"连足宝"。自宽文八年（公元1688

---

① 丁福保. 历代古钱图说［M］. 上海：上海书店，1986.

年）后铸造的称"新宽永"，其特点是"宝"字末二、三笔分开，称"分足宝"，轮廓端正，文字较细，其版别更为复杂，除铜钱外，还铸有大量的铁钱。"宽永通宝"历经天明天皇至孝明天皇等十个皇朝，相当于清同治六年（公元1867年）停铸。明治维新以后，依旧允许正常使用及流通，直到昭和二十八年（公元1953年）日本币制改革，民间仍可将黄铜质四文钱当二厘、铜质一文钱当一厘进行兑换，铸造流通时间长达240多年。"宽永通宝"在日本各地钱炉均有铸造，发行之后成为当时日本最通行的货币。由于制作精良，明末时已广泛流入我国民间，成为流入我国混用的国外钱币之冠。流入我国城乡各地比较常见，而以东南沿海各省更为多见。

"宽永通宝"钱在日本广泛流通之后，在唐宋时期，被日本人称为"渡来钱"的唐宋铜钱逐步熔毁。根据史料记载，在被萨摩藩侵占的琉球王国，官员俸禄以"宽永通宝"计发，这可在中国史料《中山传信录》中得到应证。清代康熙五十八年（公元1719年），徐葆光奉命出使琉球，册封琉球王尚敬。翌年回国，在琉球逗留达8个月。在此期间，徐葆光收集琉球史籍资料，游览山海，观风问俗，并将这些见闻游历，编录成六卷。书中有："（琉球）市中皆行'宽永通宝'。"①书中明确记述了清朝初年，琉球国内流通货币领域早已为日本"宽永通宝"钱所占领。

据《清稗类钞》之《度支类·禁用日本宽永钱》载："宽永为日本年号，其钱文曰'宽永通宝'。乾隆间，以沿海地方行使'宽永钱'甚多，疑为私铸，谕令江苏、浙闽各督抚穷治开炉造卖之人。经江督尹继善、苏抚庄有恭疏奏：'此种钱文乃日本所铸，由商船带回，漏入中土。'因定严禁商舶携带倭钱，及零星散布者，官为收买之例。"②乾隆皇帝谕令严禁商船携带倭钱，民间使用的被官方收买政策

---

① （清）徐葆光.中山传信录［M］.北京：文物出版社，2022.

② （清）徐珂.度支类·禁用日本宽永钱［M］//清稗类钞.北京：中华书局，2003.

出台之后，市面就很少见到。直到咸丰年间始铸大钱之后，各国劣质钱币又纷纷进入中国市面。

"宽永通宝"品类繁杂，背有纪处、纪数、纪地及波纹的，不下千余种，而且发行和存世数量极大。背面一般作光背，次为背刻文字，背"文"（见图2-3-1）、"元"（见图2-3-2）、

图2-3-1 宽永通宝背"文"

"足"字较多，另有星点、纪年、纪数、纪地及波纹（见图2-3-3）等。所用材质有金、银、铜、铁、铅等，其中铜质为最多，分红铜、黄铜、青铜等，又以红铜最常见；宽永钱钱体轻薄，币值通常以背面刻有波纹的当四钱（直径约2.8厘米），未刻波纹的则当一钱（直径约2.3厘米）。

图2-3-2 宽永通宝背"元"

图2-3-3 宽永通宝背波纹

二、舟山群岛在中日经贸往来中的地位

在历史上，舟山群岛一直是中国对东北亚国家的主要港口。中日两国一衣带水，隔海相邻，两国人民的交往源远流长。相传秦代徐福东渡，就是从舟山群岛的蓬莱山出发的。不少专家、学者认为，上自先秦、秦汉的稻作文化的东传，下至元明清的宗教、商贾、官方等方面的交往，在整个中国江南与日本的交流史中，舟山群岛具有非常特殊的地位。在1986年日本一次学术会议上，浙江大学考古学家毛昭晰教授提出：中国江南稻作文化是通过舟山群岛，一站一站地逐步传

到日本的。①古时受航海技术的制约，船只主要依靠潮流和风力作为动力，辅助以人力的桨划。中国北方沿海多从山东或江苏沿海至日本、朝鲜半岛。作为中国南北航道中心的舟山群岛，很早就有人顺应季风，安全地到达日本和朝鲜半岛。舟山群岛外围有太平洋暖流分支的黑潮，一年到头暖流不间断地往北到日本与朝鲜半岛之间的水道。舟山人称蚕豆为"倭豆"，这是因为每年2月至3月是倭人（寇）乘东南季风到舟山的季节，也因此在舟山当地有"倭豆开花黑良心"的民谚。每年西北风一起，就是舟山开船到日本和朝鲜半岛的季节。舟山海域由于长江等河流汇聚于舟山海域，产生的沿岸一支强大的向东潮流，离开大陆向东而北，成为中国与日本、朝鲜半岛最方便的航线。

古代航海为避风或候风，南来北往的船只需要在舟山群岛星罗棋布的港湾暂住，特别是因为海上丝绸之路航道中的普陀山观音道场形成之后，船主和舟人需要航海祈福，同时需要补充淡水和生活物资。从鉴真东渡，到最后批次日本遣唐使的到来。两宋时期无数次的贸易往来，日本和朝鲜僧人的朝圣、禅僧参学。元朝舟山高僧一山一宁出使、明极楚俊受幕府之邀赴日本弘法，无不证明舟山是对外海上交通的要冲。舟山航道是历史上日本贡船贡使的必经之站。宋、元、明、清时代，中国东南赴日商船也在舟山群岛及其中的普陀山起航，"补陀洛迦山在东海中……海舶候风于山下，谓之放洋"②"高丽、日本、新罗、渤海诸国皆由此取道，守候风信。"③这都证明舟山群岛是中日经济文化交流的重要之地。

明朝灭亡后，东南沿海建立南明唐王、鲁王政权，为养兵，郑成

① 叶辉，严红枫，毛昭晰.保护文物不能光靠"拍桌子"［N］.光明日报，2017-06-07（16）.

② 胡渠，罗浚，等.宋宝庆昌国县志［M］//北京大学图书馆藏稀见方志丛刊.北京：国家图书馆出版社，2013.

③ （宋）张津.乾道四明图经［M］.台北：台湾成文出版社，1983.

功军队更看重与日本的海外贸易收入，记载这方面的南明文献非常丰富。据日文文献记载：公元1648年，赴日本贸易的中国商舶有20艘，至翌年（公元1649年）就增至59艘。[①]为了反清复明，朱舜水以舟山为中心，多次辗转于日本、安南（越南）、暹逻（泰国）等地，秘密为舟山明军筹饷。朱舜水用"三角贸易"，把安南、暹逻的特产运到日本，赚取军费。在流入的日本铜钱中，邻近的宁波等沿海地区发现过少量的"和同开珎"铜钱（日本奈良朝元明和铜元年，唐景龙二年，公元708年），舟山群岛保存的铜钱中，除"宽永通宝"量比较大外，还发现不少长崎贸易钱，以及少量"文久永宝"（见图2-3-4）、"仙台通宝"和"琉球通宝"等钱币。在舟山与日本进行通商贸易中，明末清初时中国国内铜材已明显不足，日本"宽永通宝"正是此时大量流入舟山群岛及沿海各地，乃至内陆地区。因此目前"宽永通宝"在国内仍有大量出土或面世，民间及收藏界亦有大批量持有或收藏。[②]

图2-3-4 文久永宝

① ［日］木宫泰彦.中日交通史［M］.太原：山西人民出版社，2015.

② 车鸿云.东极四乡发现大量古钱币［N］.舟山日报，1988-12-03（B1）.

第四章　往来津渡——朝鲜半岛与舟山群岛间的交往和货币互动

一、舟山群岛与朝鲜半岛的往来交流

朝鲜半岛历史上自称"海东"，意谓处中国黄海之东。与舟山的地缘关系，在宋代的舟山地方志如此记载："昌国州境土，东西五百里，南北三百里，……东五潮至西庄石马山与高丽国分界……"①

舟山群岛在明州外围，是中国南方与东北亚国家往来的主要贸易港口之一。史料记载，东晋后期与朝鲜半岛始有信使往来。关于舟山群岛沿海与朝鲜半岛的往来关系，在现今流传的舟山群岛"孝女沈清"故事和朝鲜半岛三大古典小说《沈清传》中就有记载。故事发生在今天的舟山市普陀区沈家门港。相传东晋时，朝鲜半岛上的百济国谷城（今韩国谷城郡），有位叫元良的盲人，妻子死后，和女儿洪庄一起生活。一天，他听了弘法寺化主僧说多做功德，眼睛会亮的。于是，他把女儿洪庄施助给了弘法寺。后来弘法寺性空法师以"两船值钱的货物"身价，把洪庄卖给浙东富商沈国公为妻。不久，沈国公从朝鲜半岛的苏浪浦上船，把洪庄带到了自己的家乡沈家门居住，并把妻子洪庄改名为沈清。沈清在中国虽然得到了幸福，但一直忘不了故国的瞎子父亲，为了使父亲重见光明，于是命人造了569尊观音像漂洋过海送往百济国。孝女沈清与中国商人沈国公国际婚姻的传说背

---

① 胡渠，罗浚，等. 宋宝庆昌国县志 ［M］// 北京大学图书馆藏稀见方志丛刊. 北京：国家图书馆出版社，2013.

后，可以看到舟山与朝鲜半岛之间往来的历史。

　　据魏晋南北朝诸史记载，汉代以后，三国吴和东晋分别多次与南洋的官方贸易，"海上丝路"并未因战乱和朝代的更替而中断。南朝的宋、梁、陈利用其为南方政权的优势，分别有23次、39次、14次与南洋的朝贡贸易，"海上丝绸之路"日渐发展。[①]朝鲜半岛三国时期的百济，地处朝鲜半岛西南一隅，国力弱小。为了与强大的高句丽相抗衡，百济国王先后与中国南朝（公元420—589年）的刘宋、南齐、萧梁交好，关系最为密切，热切地向南朝学习中国文化，传入了佛教、医药等。其中，萧梁对百济的影响尤为深厚。梁普通二年（公元521年），百济国王扶余隆奉萧梁为正朔，梁武帝诏其为使持节、都督百济诸军事、宁东大将军、百济王。据《三国遗事》卷三"原宗兴法"条记载，百济曾在首都熊川州（今公州）为梁武帝创建大通寺，而《梁书》卷五四《诸夷传·百济》中更是记载了百济多次遣使进贡并恭请梁武帝所著《涅槃》等经义、《毛诗》博士、工匠、画师等事，接受百济的请求，派遣医生进行医疗活动，自此，针灸始传入朝鲜，由此足见两国交往的频繁与密切。1971年，在韩国公州（百济熊津邑）发掘的百济武宁王与王妃的合葬墓，其墓葬形制及出土器物，无不透露出与萧梁存在密切的关系。新罗、高句丽也与百济相似，一边与北朝保持授贡的关系，同时在南朝兼受封拜。近几年，普陀山附近的朱家尖码头出土大量南朝梁、陈之际的铜钱，很有可能是百济与南朝梁、陈往来的商船遭遇海难后匆忙埋入的。据《观世音应验记·补遗》载，发正于梁武帝天监（公元502—519年）中负笈渡海入梁，留学30年，大约在梁武帝中大通年间（公元535—546年）回国。他在起程回国时，听说越州界（包括今宁波、舟山等地区）山有观音应验的"堵室"，于是前往观之，看到两位修道者为念诵《观音经》的事而辩论，后观音现化为老翁，使两位道者皆获感化，发正目睹斯异，就

――――――――――

① 黄菊艳.六朝时期的海上丝绸之路［J］.广东档案，2006（5）.

将此事传入百济。①近有韩国学者认为这"越州界山"极有可能是越州海外的梅岑山（普陀山）。

公元676年，新罗在大唐的支持下，打败了高句丽与百济，统一了朝鲜半岛。唐朝国力强大，四海威服，新罗人很是仰慕，派遣大批留学生过来学习，到大唐的新罗人有学技艺的，学佛法的，最多是经商的。大唐在朝鲜半岛设鸡林州，与新罗王朝关系密切。唐朝政府允许新罗国侨民在浙江、江苏、山东、福建等沿海居住生活地建新罗坊、新罗村，新罗的张保皋船队经常往来于中国沿海港口开展贸易，常途经舟山群岛。新罗人在台州的天台、黄岩都有其居住活动的遗址，普陀山岛西南"新罗礁"遗址就是其航海贸易活动留下的地名见证。普陀山是日本、朝鲜半岛天台宗僧人经常朝拜天台山途中的祈福圣地，观音菩萨信仰的形成中就有新罗商人推动的因素。②

大唐海商张友信常通过明州出入朝鲜半岛和日本，日僧慧锷曾多次乘大唐或者新罗船到大唐。有一次，他曾乘坐张友信的船，随同头陀法亲王入唐。在咸通三年回国时，慧锷大师所乘之船在海上触礁，祈求观音菩萨保佑，并留下从五台山所请观音像于梅岑山（今普陀山），始建"不肯去观音院"，成为普陀山观音道场发展史上的一次重大历史性事件，慧锷大师也因之成为普陀山的开山祖师。早先的新罗王子金乔觉（地藏）从新罗来唐，其行迹多是乘坐新罗贸易船经舟山群岛在江浙沿海港口登陆，经浙西到皖南，最终在安徽庆阳九华山驻足修行，最终成就了地藏菩萨道场。

舟山岛有一座著名的禅宗寺院——吉祥寺，南宋宝庆《四明志》中记载："九峰山吉祥院，县北六十里。唐开元中，高僧惠超居是山香

---

① （南朝）张演，傅亮（齐），陆杲. 观世音应验记三种译注［M］.南京：江苏古籍出版社，2002.

② 王连胜. 普陀山观音道场之形成与观音文化东传［J］.浙江海洋学院学报（人文科学版），2004（9）.

柏岩，草衣木食，遂开此山，其岩高峻不可到，时闻钟磬声而已。汉乾祐二年，号曰崇福。皇朝治平元年，赐今名。熙宁中，始建轮藏，其神灵甚，邑人有祷必归焉。建炎初，给事中黄龟年施辟支佛牙，长四寸阔一寸，舍利盈缀，时见五色。绍兴十八年，主僧法宁建大阁藏之，刻石以记。"《大德昌国州图志》记载："吉祥寺，去州三十里富都乡之锦沙，九峰环列，一名九峰山。始寺之未创，山之南有香柏岩，极峻峭，人迹罕到，常隐隐闻钟磬声。唐开元间，高僧惠超居其中，草衣木食，戒行精苦，阅十三代，往宋咸平有真大悲者继之，善诵神咒，乡民归敬。丁县尉渐为舍基，请真公迁其居于山之麓，便民祈祷。庆历改元，文珍嗣其业，丁县尉因改为院。治平元年，赐额吉祥，自是层观杰阁，金碧辉煌，茂林修竹，荫荟蒙密，为一方名刹，咸谓之"小天童"。建炎初，给事中黄龟年施辟支佛牙，舍利盈缀，时见五色。绍兴十八年，法宁建阁藏之。嘉熙三年，余参政天锡请以'显忠崇孝'为额。归附后，大德元年，住持僧净怡重建选佛堂，州判冯福京为记。"上两种地方志中均记载该寺的开创人物是唐开元年间的高僧慧超。翻阅中国佛教史，唐开元年间的确有一名新罗僧人慧超，曾去过天竺求经。其幼年时一心向佛，入华学习佛法。公元723年，慧超从广州泛海至印度，历尽艰难险阻，用了4年走遍包括印度在内的西域各处，后取道陆路经西域返回中国。开元十五年，他经西域至安西（今新疆库车），将自己在异域的所见所闻记录下来，撰写成《往五天竺国传》一书。新罗慧超回大唐之后，今存的史料就缺乏其相关的行履记载。其所修和所传授的是唐代大悲咒密法，吉祥寺僧传承一直到宋咸平间的"真大悲"继续修持，从开山时间、密法修持特点，传承的密法等方面，吉祥寺开山高僧慧与新罗僧慧超基本符合。在那个时代，大唐与新罗船队来往频繁，慧超很有可能乘船来大唐，回海东时留于舟山香柏岩密修。

　　海东观音信仰的中心地，最著名的是韩国东海岸五峰山洛山寺。洛山寺观音圣地，相当于我国普陀山观音道场。韩国的《三国遗事》

将洛山寺的历史追溯至新罗华严宗祖师义湘法师，义湘法师从唐求法还国，以大悲真身住于海边窟内，因名之为"洛山"，即佛经中"宝陀洛迦山"之略名。新罗显安王二年（公元858年），新罗"禅宗九山"之一的阇崛山派创始人梵日禅师曾于洛山村石桥下发现石雕观音像，截左耳，正与他在唐朝明州（今宁波）开国寺求法时所见沙弥相似，方知其与菩萨应化之缘，于是遵该沙弥之嘱，于洛山上方吉地建殿堂3间，奉安此石观音像。义湘所受二宝珠，虽历劫难，但至高丽忠烈王时（公元1275—1308年），仍然被视为国宝藏于内府。五代时期，吴越国承平安定，依天台高僧德韶法师之请，吴越王钱弘俶派遣使者去朝鲜半岛、日本求取中土散佚的天台宗典籍，有不少海东高僧到中国求学。

北宋元丰三年，王舜封出使高丽，遇观音灵感，梅岑山（今普陀山）名声外扬。到神宗熙宁以前，高丽商船大多在山东登州登陆。熙宁七年（公元1074年），高丽商人为远避契丹，大多改在明州登陆。每年农历十月到十一月，高丽商人乘东北季风从礼成江出发沿西海岸南下，经古郡山群岛抵黑山岛，转向西南，途经舟山群岛，再达明州。若到北宋都城汴京经商或使臣来华朝贡，则再由明州溯姚江、钱塘江入运河北上直达汴京。明州成为高丽贸易的重要港口，来此经商船只日益增多。明州海外贸易"南则闽广，东则倭人，北则高句丽，商舶往来，货物丰衍"。"（高丽人）便于舟楫，多赍辎重。"①为便利海外客商，明州市舶司西边建造了高丽馆，来自高丽的商人都居住于此。到了北宋宣和年间，徐兢出使高丽，回国后写就《宣和奉使高丽图经》②，该书记述船队出使高丽时途经普陀山祈风，见寺中留下不少新罗商人所助之钟磬等法器，可见其往来过程中常于普陀山祈福。赵彦卫《云麓漫钞》也都有普陀山种种记述，零散的古籍中还有韩国

---

① （宋）张津.乾道四明图经［M］.台北：台湾成文出版社，1983.

② （宋）徐兢.宣和奉使高丽图经［M］.北京：中华书局，1985.

人在普陀山的踪迹。[①]

除普陀山外，舟山群岛中其他岛屿也有与高丽之间来往的足迹。如宋《宝庆四明志》昌国县（今舟山群岛）寺院条目中记载："普明院，县西北海中，古泗州堂也。窣堵波二，以铁为之，世传阿育王所铸，钱氏忠懿王置之于此。皇朝大中祥符中赐院额。绍兴十八年，僧昙解侈大之。高丽入贡，候风于此。"[②]说明当时的朝鲜半岛高丽国入贡船指定在岱山岛普明院候风。宋元时期普陀山有"高丽道头"（码头）的名称，正说明普陀山在与高丽之间的长期往来中，在朝鲜半岛非常有影响力，将普陀山作为中朝往来的中途驻足之地。

《宝庆四明志》还记载：两宋时期，由高丽输入明州的货物中，以人参、药材为最多；其次是各种布匹、漆、铜器、武器、虎皮等。此外，还有折扇、纸、墨等，通过明州输向各地，输入量也越来越大。在《宋会要辑稿》食货卷上记载：有一次南宋政府为加籴粮米马料，一次就发现了高丽绢15 000匹，数量之巨可见一斑。据史料记载：明州商船航行至高丽经营贸易达120余次，往来船只多在昌国海域航道附近港口锚泊、候风，补充淡水和食物。

中国与朝鲜半岛关系中，明代之前从舟山港进出与朝鲜半岛的贸易往来比较频繁。元代重视发展海外贸易，高丽虽成为元朝一个行省，但仍与舟山保持着频繁的贸易往来。元延祐六年（公元1319年），驸马都尉沈王（高丽国国王，忠宣王王璋）向元仁帝请示后，南游江浙至宝陀山（今普陀山）。沈王从元大都一路过来，拜访了许多高僧名士，也留下甚多诗文。元代的舟山延福寺（今新城院山下之延庆寺）住持高僧虚堂智愚禅师有不少海东弟子，虚堂禅师在日本的知名度，仅次于无准师范，甚至可以说并驾齐驱。

元末，朱元璋的大将汤和率部途经舟山，遭方国珍部属袭击。据

第二篇 舟山群岛与汉文化圈各国的货币贸易往来

---

① （宋）张邦基.墨庄漫录［M］.北京：中华书局，1985.

② （宋）胡榘，方万里，罗浚.宝庆四明志［M］.宁波：宁波出版社，2022.

现存朝鲜王朝文书《吏文》记载：方国珍旧部归附明朝后，继续担当漕粮北运押解。洪武十八年，舟山群岛发生的"五山之乱"，也就是归降朱元璋的方国珍部下，押解南粮北远的五岛船民与部分兵士有些逃往高丽，有些在耽罗（济州岛）住下，有些旧部攻占沿海县治，在被镇压之后，在朱元璋和汤和等权臣的追究谋划下，导致了舟山群岛300年的海禁。由于海防空虚，导致明代倭寇猖獗，明朝廷因此对各国商人来明朝的贸易进行种种限制。如规定朝鲜王朝"贡道从陆，由定辽，毋入海"。后改为海道，也只准登州上岸，以致"有明一代，除日本勘合贸易船外，几乎不见别国的贡船来浙贸易"。

在清代，朝鲜人通过合法途径来到中国南方几乎不太可能，例外情况就是遭遇海难漂流。明清时期朝鲜人漂流到中国江南一带的海难频繁发生，但海难当事人多为文化水平较低的渔民，很少留下相关记录。公元1818年，朝鲜文人崔斗灿一行约50人于公元1818年遇到风浪，在海上漂流了多日后，到达舟山群岛（定海县）。抵县城后，与地方文士进行了一番诗词交流，后经浙、苏、鲁、京等地返回朝鲜。他回到朝鲜后，以日记体的形式将自己在济州岛写下的诗文与后来的漂海经历，以及在中国的经历一并记录了下来，编成《乘槎录》一书。

二、舟山群岛沿海所见朝鲜半岛古钱

（一）朝鲜半岛古代钱币的流通情况

中国钱币文化，历史悠久，源远流长。中国古代先进的钱币文化曾远播周边国家，朝鲜半岛流通铜钱之后，曾有比较长的使用中国钱币的历史。朝鲜半岛铸造钱币的历史比较晚，10世纪前后曾铸造过无文圆形方孔铜钱，之后仿制中国唐宋钱币，其文字均使用中国文字，其钱币形制、铸造工艺、度量衡对朝鲜半岛的影响巨大，其仿制唐朝"乾元重宝"的式样翻铸背面加"东国"钱币。后来又铸造了"东国通宝""东国重宝""三韩通宝""三韩重宝""海东通宝""海东元宝""海东重宝"等多种钱币。①在宋徐兢所撰《宣和奉使高丽图经》卷十六《官府》中有"……省监又东南数十步即铸钱监,稍北即将作监也"。"药局……自王徽遣使入贡求医之后,人稍知习学而不精通其术。宣和戊戌岁,人使至上章乞降医职以为训导,上可其奏,遂令蓝茁等往其国。越二年,乃还。自后通医者众,乃于普济寺之东起药局,建官三等,一曰太医、二曰医学、三曰局生,绿衣木笏,日莅其职,高丽他货皆以物交易,唯市药则间以钱贸焉。"这说明当时的高丽有铸钱监,但由于韩国古代经济比较落后,铸造工艺不精,国内又缺乏铜材,因此高丽王朝铸造的钱币无法推行,只在买药时,部分用铜钱支付。

朝鲜半岛高丽王朝时代,由于经济落后,民间多物物交易,或以布匹、银瓶作为货币,其铸造钱币因铜产量少而铸造数量较少,流通不开,形不成气候,但高丽王朝的达官贵人对中国钱币非常喜爱。《宣和奉使高丽图经》卷三《贸易》中有"高丽故事,每入使至,则聚为大市,罗列百货、丹漆、缯帛,皆务华好,而金银器用,悉王府之物,及时铺陈,盖非其俗然也。崇宁、大观使者犹及见之,今则不然。盖其俗,无居肆,惟以日中为墟,男女老幼、官吏工伎,各以其所有用以交易,无泉货之法,惟纻布、银瓶以准其直。至日用微物,不及疋两者则以米计锱铢而偿之,然民久安其俗,自以为便也。中间朝廷赐予钱宝,今皆藏之府库,时出以示官属传玩焉。"②

(二)舟山发现和出土的朝鲜半岛古钱

朝鲜半岛铸造的钱币,钱文仿自中国钱币,其古代与中国贸易往来频繁,舟山沿海诸地由于历史原因与韩国关系密切,中国钱币输出韩国,韩国古钱也通过各种渠道输入中国。舟山多地出土和发现的古钱中有不少韩国的古钱。20世纪80年代初,普陀区六横岛上的峧

---

① 崔劲波,李廷青.海东青蚨:高丽铸币[M].北京:商务印书馆,2021.

② (宋)徐兢.宣和奉使高丽图经[M].北京:中华书局,1985.

头、台门基建中，分别出土过一批钱币，其中有不少外国古钱，包括朝鲜半岛和安南（今越南）古钱。其中就有"海东通宝""朝鲜通宝""常平通宝"钱币。《舟山日报》曾报道：在东极四乡的乌贼网碰中，发现有不少朝鲜的古钱，其中最多的是"常平通宝"。①

1. 高丽王朝时代钱币

自从王氏高丽统一朝鲜半岛，北宋时期，朝鲜在成宗十五年（公元996年）自行铸造仿唐的方孔钱"乾元重宝"铁钱，背有"东国"两字。其钱文和中国唐朝"乾元重宝"钱文相似，型式也仿效唐制，仅在钱背加铸"东国"两字，意其国在中国之东，以示区别。据《中国古钱谱》记载：朝鲜曾经铸造"乾元重宝""东国重宝"（见图2-4-1）、"东国通宝""海东元宝""海东通宝"（见图2-4-2）、"海东重宝""三韩通宝""十钱通宝"。

图2-4-1　东国重宝　　　　　图2-4-2　海东通宝（篆书）

"乾元重宝"铸于北宋时期，高丽穆宗年间（公元997—1008年），仿唐朝"乾元重宝"钱，钱文对读，光背。"三韩通宝"是高丽王朝肃宗王颙（公元1095—1104年）所铸平钱，属仿宋钱。"海东元宝"，仿宋钱形制，钱文对读，是高丽王朝肃宗王颙七年（公元1102年）所铸小平钱，钱面文有篆书、隶书、真书、行书四体。

由于铜矿的开采和冶炼非常落后，铸量也少。这几种钱有称为通宝、元宝、重宝的；有直读、旋读的；钱文有篆书、隶书、楷书等，表明中国古代钱币文化的影响较深。后虽历经朝代更迭，但其受中华

---

① 车鸿云.东极四乡发现大量古钱币［N］.舟山日报，1988-12-03（B1）.

文明影响之风气始终未变。①北宋时期所铸造的大量铜钱，通过两国的贸易，经由海舶从中国沿海港口输往朝鲜半岛，中国方孔钱在朝鲜实际上是长期流通使用的。

2. 朝鲜王朝时代钱币

（1）朝鲜通宝

高丽王朝将军李成桂于公元1393年废王自立，改国号"朝鲜"，朝鲜王朝是朝鲜半岛历史上最后一个统一王朝（公元1392—1910年），历经27代君主。"朝鲜通宝"是朝鲜王朝唯一记国号的钱币，在舟山多有发现。

"朝鲜通宝"分两期铸造。前期为李朝世宗李祹（音陶）所铸真书小平钱（见图2-4-3左）。"朝鲜通宝"

图2-4-3　朝鲜通宝

四字雄浑朴茂，笔画清晰，对读，光背无文。此钱直径约2.4厘米，重3.2～4克，制作精美，版式很多，因规格相近而无大变异，传世多见此种真书钱。

后期为仁祖李倧所铸隶书钱（见图2-4-3右，曾凡校先生在舟山收集的钱币拓片）。此钱铜色黄褐，文字不甚规整，笔画粗细不一，钱体大小不等，更有阔缘、窄缘、官铸、民铸之分。品类颇多，有小平和当十两种，精粗互见，但隶书钱存世少。

（2）常平通宝

17世纪后半期，朝鲜国内多处发现铜矿，且开采水平日益提高，铜的产量也逐年增加。仁祖李倧十一年（明崇祯六年，公元1633年），由常平厅设监始铸，故名"常平通宝"。至肃宗李焞五年（清康熙十七年，公元1678年）更以法律命定各有关厅、曹、营、监等分

① 国家文物局.中国古钱谱［M］.北京：文物出版社，1989.

工铸造，及至清光绪十七年（公元1891年）以机制黄铜钱问世停铸。"常平通宝"（见图2-4-4）铸行前后达260年之久，在近代朝鲜货币史上占统治地位，彻底改变了此前以米、布为主的交易状态。

"常平通宝"铸造量多，其种类繁多，版别丰富。根据出土资料发现有几十种之多。《中国古钱谱》刊载原图录有小平、

图2-4-4　常平通宝

折二、折五、当百等，背文多至数千种，以折二居多，流传中国甚多，皆属数量最多而品相佳好者，两国相互间的经常贸易往来中夹杂有这类钱币。日本《东亚泉志》所刊的"常平通宝"钱种类最全。

"常平通宝"工整楷书，直读，除初铸之光背者外，背文有记监、记官、记地、记数、记值、记天干地支、五行八卦，以及录用"千字文"前44字，版式不胜枚举，多达数千种。通常小平径为2.4～2.5厘米，折二径为2.7～2.9厘米，折五钱径为3.1～3.3厘米，当百大钱径为4.1厘米。因历代各地均有鼓铸，其间大小错出、轻重倒置在所难免，不一而足。大部分中央机关的铸钱都和军事相关的，这也从另一个方面反映出朝鲜王朝后期的财政负担，有相当一部分是来自军事的。"常平通宝"背后的铭文随着铸造部门的不同而不同：早期铸币，背面多为一字，"常平通宝"钱背文丰富，但光背及背文字数少于两字者，为初期及早期铸币，铸造数量少。"常平通宝"品种繁复，在各个局名中，又有数字钱、文字钱、文字加数字钱。如户下数字钱，数字从1至16。数字钱中还有带星、月、圈星、点、竖、横等。户下千字文钱有"天地玄黄宇宙洪日月盈辰列来往生入元光文"。每个字中还有数字、星月等区别。训字下有工、土、生、正、黄、地、全、文、大、天、元、中、千等14种，每种又有数字、星月之不同。折二钱每局又有背面文字为局二、局下千字文，千字文有"天地玄黄，宇宙洪荒，日月盈昃，辰宿列张，寒来暑往，秋收冬藏，闰余

成岁，律吕调阳"。此外还有金、木、水、火、土、八卦、天干地支等变化。各局千字文采用又不相同，有用六句24字，有用八句32字。折二钱中成套的有10种：如"营"下千字文钱20枚。有"营"下五行及数字30枚。有"全"下千字文钱25枚。有"训"下千字文钱20枚。有"户"下千字文钱27枚。有"宣"下千字文钱25枚。有"禁"下千字文钱19枚。有"训"下千字文钱20枚。有"统"下千字文钱21枚。有"捻"下千字文钱19枚。当五钱局名有典、昌、平、川、统、春、户、均、京、沁10种，每局又有数字等不同背文钱。除背文外，"常平通宝"字体写法也有很多不同，如通就有一点、二点、三点、平头、三角头之分，字体有大字、小字之分，宝有长脚、短脚之分，边有阔缘、窄缘之分。至于母钱、普通钱之区分，小平钱版别之多不再赘述。据韩国大光社出版的《2008大韩民国货币价格图录》介绍，目前韩国已发现有3 000多种。一般铜色黄润、文字端丽者为早期官铸；笔画呆板、制作不精者为后期官铸；而文字拙劣、铜质发黑者，多为私铸。

三、朝鲜半岛钱币受中国文化的影响

（一）钱币制造的形制和文字

朝鲜半岛文化深受中国影响，自唐朝起，与朝鲜半岛的经济文化交流更加日益频繁，当时官方交流比民间商人之间的交流更多。在频繁的交流中，朝鲜半岛长期受中国文化的影响，同样也深入货币文化领域。例如，货币形制仿照中国，铸行外圆内方的铜、铁材质的流通钱，钱文用汉文，有些钱文完全仿自中国钱币。朝鲜半岛曾长期使用汉字及中国的年号，其使用的货币形制与中国古钱一脉相承。朝鲜半岛出现方孔钱的时间，上可追溯到公元前2世纪末，汉代的方孔钱，包括两汉之间的新莽钱，是当时政府颁布的法定货币。公元7世纪后期，新罗统一朝鲜半岛后，与当时实行对外开放政策的唐朝往来十分频繁。朝鲜半岛国内因缺少铜、锡，长时间没有铸钱，国内外的贸易以

金银和物物交换的方式进行，也使用中国铜钱。

中国从清光绪年间，在继续流通圆形方孔钱的同时，始铸机制铜元（俗称铜板）。朝鲜开国497年（公元1888年），朝鲜开始铸造机制铜币，初铸时币值仍采用中国式重量单位五文、十文等，朝鲜开国501年（公元1892年）改为银元制，币值相应改为一分、五分。该铜币正面图案为珠圈双龙，珠圈外延为铸造年号；背面中间为币值，上方是一朵五瓣花，两侧环饰麦穗。朝鲜开国505年（公元1896年），朝鲜改国号为韩国，开国铜元停铸。光武二年（公元1898年），改铸大韩光武年号版。开国铜元使用朝鲜开国纪年，铸币带有明显的日式风格。为了让朝鲜摆脱中国宗主国的地位，日本特意帮助朝鲜设计这种新式铜币，别有用心地摒弃朝鲜半岛古钱上的中国风格，采用李氏朝鲜建国的公元1392年作为开国元年，以示独立。机制铜元形制虽然有了改变，而图案铭文仍深受汉文化的影响，币面上有汉、朝、英等各种文字12个，其中汉字8个。开国铜元也流入我国，由于朝鲜开国铜元的重量比清末所铸的铜元轻，因此当时浙江等铸币局也采用朝鲜五分铜元作为底版改铸为"光绪元宝"当十铜元。

（二）"常平通宝"铜钱背后的千字文

中国传统文化对汉文化圈的影响是全方位的。在钱币"常平通宝"背后，除了代表铸造单位的铭文，还有序号，目前可见的有用《千字文》、干支、五行作为序号的。大部分铸局选取前20个字或者前30个字。有些局避开一些认为不吉利的荒等字。

《千字文》是一首以儒家思想为主体，兼纳自然学科和社会常识的四言长诗。中国历史上多将其作为童蒙教材，也曾作为周边许多国家的汉字初级读本，且流传世界。这本书与佛教一起传入朝鲜半岛的年代已不可考，但仍被认为是汉字应用于朝鲜语言的推动力量。1583年，朝鲜出版了以朝语释义注音的《石峰千字文》。《千字文》在中国常用来编号，该编号法是以《千字文》字顺序作为档案编号、分类的方法。宋代整理档案即以年月先后，千字文为序登录、编排。元、明、清时期不少官府档案仍用千字文编号整理。佛教《大藏经》也以此方法编目。现存于世的孔府档案分为8类，即按《千字文》开头的"天、地、玄（元）、黄、宇、宙、洪、荒"8个字标号。清光绪小平钱也铸有千字文，但只是选用了"天、地、玄、黄、宇、宙"6个字，被认为不吉利的"洪、荒"2个字并未使用。在这一点上，朝鲜常平通宝背千字文钱承载的文化韵味很浓厚，极为巧妙地体现了朝鲜当时的主流文化。

中国文化不仅仅在形制上对邻国钱币产生影响，乃至铭文、书体，以及版别方面都有所关联，也展现了邻国之间的交流与融合，显示出汉文化对周边国家的影响力之大。钱币作为商品的媒介，与朝鲜半岛的贸易往来之中必然有朝鲜半岛钱币流入舟山沿海。常平钱是朝鲜半岛钱币之中流入中国铜钱中最多的品种，与中国钱币一起参与货币流通。20世纪80年代，舟山群岛六横岛基建中曾出土两批次古钱，均有数量不等的朝鲜半岛古钱。笔者和本地的钱币爱好者在舟山群岛网硾铜钱中收集到不少朝鲜半岛历史钱币，有"朝鲜通宝""海东通宝"，以及各种版式的"常平通宝"。常平钱的版式很多，一般为圆形方孔钱，质地为黄铜。因其存世量多，流入舟山群岛的钱币有几十个品种，近代的朝鲜铜元也以不同方式流入，在一定程度上反映了朝鲜半岛与舟山群岛之间历史以来的往来情况。这些钱币的出土与流传是舟山群岛与朝鲜半岛之间往来历史的实物见证，在周边国家的古钱币上融入了中华文化元素，为常平钱的收藏者带来意想不到的乐趣。

第五章　流入舟山群岛和中国沿海的安南钱币

舟山群岛民间留存的古钱中，除九成是清代制钱外，最多的就是安南（今越南）铜钱和日本"宽永通宝"，其中以安南铜钱居多，且品目繁多。安南钱币大致上分三类，一是各朝年号钱币，如"景兴通宝""光中通宝""景盛通宝""嘉隆通宝""洪顺通宝""洪德通宝""景统通宝""绍平通宝""泰德通宝""永寿通宝""天兴通宝""大和通宝""绍治通宝""嗣德通宝""大顺通宝""保大通宝""永定通宝""安法通宝""明定宋宝""玄聪通宝""永寿通宝""明命通宝""大正通宝""天福镇宝"（背黎）等；二是仿制中国历代年号钱，如"汉元通宝""太平通宝""元丰通宝""元祐通宝""祥符通宝""景德元宝""宣德通宝""正隆元宝"等；三是劣质汉文钱币，如"祥元通宝""天明通宝""元隆通宝""佛法僧宝"等。多数的安南钱币钱质轻薄、以粗制滥造者居多。

一、金属货币时代的钱币牟利方式

货币是充当一般等价物的特殊商品，古代流通的金属货币以铜钱为大宗，金属铜本身具有价值，如何利用金属钱币牟利，历代有不同的方式。中国钱币铸造技术先进，唐代之后，官方机构所铸的铜钱金属成分配比合理，重量足（"小平"一文钱一般4克），大小规整，文字优美，总体上质量好，而周边小国或少数民族政权没有中国中原王朝先进的铸币技术，铸造的钱币质量次、成本高，因此进口中国钱币成为最佳选择，既可以本国流通，又可以进口本国需要的商品。北宋时期，铜钱作为商品大量输出到周边少数民族政权和邻邦小国，铜钱外流比较严重，依靠当时强大的国力，铜钱的铸造还有盈利。但到了南宋，官方就很少铸钱，主要是疆域缩小，致铜矿资源减少，铸钱成本提高，没有多少盈利。只是由于国内流通中的铜钱过少，不利于货币流通，南宋朝廷才迫不得已铸造了一定数量的钱币。

古代金属钱币的牟利主要有以下几种方法：

一是利用金属比价变动来牟利。中国古代"大处用银，小处用钱"。在钱（铜钱）贵而银贱时，单位白银能兑换的铜钱减少；相反，在银贵钱贱时，则兑换的铜钱增加。清之前，黄金虽然有较高价值，但还没有正式成为货币流通，且比价也在不断地变化。明末开始与西方进行贸易，由于中国金银比价与西方的比价不同，导致西方用大量白银来中国换购黄金，黄金大量流入西方，直到金银比价与西方基本一致（包括运输等费用）才停止。近代鸦片战争之后，在与中国的贸易中，英国人发现中国当时金银比价为1：30，而在西方金银比价为1：45，于是他们用银元从中国套取黄金，赚取金银比价不同产生的差价。

二是从金属币材中牟利。对同种金属材料而言，铸钱牟利一般采取减重金属币材，降低成色（掺杂更贱的劣质材料）等方法。汉代的民间盗铸，历代伪造钱币、私铸钱币就是采用这种方法。国家之间也是如此。明朝晚期，日本仿铸大量的宋明年号钱，其所铸钱币上文字细弱，轻重不均，粗制滥造，在与中国贸易时作为贸易款项支付给中国商人，史称"长崎贸易钱"。明政府国力强盛时期，日本人开始有所忌惮，不敢再仿铸明朝的钱币。明朝天启年间，日本开始铸造"宽永通宝"，大量流入中国内地。明朝国家的实力和影响力下降，日本地方藩主开始铸造大量的"洪武通宝"和"永乐通宝"，通过与中国的贸易流到中国，并用于日本国内流通。中国周边的附属国安南也是如此。首先，政府铸钱减重，所铸钱币比中国铸钱币要轻薄，且大量流入中国；其次，半官方或民间仿铸宋代的年号钱，甚至铸造一些子虚乌有的年号钱。乾隆年间，针对宽永钱在中国沿海大规模使用的现状，乾隆皇帝作出熔毁的决定。清政府还谕令，粤、桂等省禁止安南钱币流入，但收效不大。

三是从铜钱中提炼贵金属牟利。有些地方的铜矿伴生有贵金属，受古代冶铜技术水平和成本的限制，贵金属未能提炼出来，史料记载中也证实历代毁佛、毁器所铸钱中含有金银。清道光、咸丰年间，日本大量进口中国铜钱从中提炼贵金属，从中牟利。

四是从标准认同中牟利。中国长期实行银两制度，白银交易中分割困难，且大宗交易完成前白银都要公估（各地公估成色不一），并按估算成色提取损耗，收取加工费用，既费钱、费时、费力，且所估的成色也不一定公正。流入中国的西班牙本洋、荷兰马剑洋，以及后来居上的墨西哥独立之后铸造的鹰洋成为中国沿海的本位货币，英、美、日等各国纷纷仿制与本洋、鹰洋重量、规格、成色基本一致的贸易银元。成色约90%和重量七钱二分的外国银元，由于规式标准，在中国沿海能与1两足银相同价值收付，因此外国人将大量中国白银输出海外，并将银元输入，从中赚取巨额差价。当然，银元的大规模流通，推动了中国自铸银元的步伐。

二、安南钱币在舟山群岛出土例举

安南钱币深受明清钱币的影响，明清时期的安南是中国的属国。

在舟山出土钱币、渔村网硾钱币、民间流通钱币中有大量的安南钱。20世纪80年代，在舟山群岛的六横岛曾出土两次安南钱币。舟山钱币收藏家曾凡校先生对在台门镇基建出土的安南钱币进行分类，有"天福镇宝"背"黎"，"大正通宝""景统通宝""延宁通宝""明命通宝""绍治通宝""太平通宝"等。在六横岛峧头镇的基建出土时，他整理出的安南钱币有"顺天元宝""洪德通宝""洪顺通宝""绍平通宝""大和通宝""泰德通宝""天兴通宝""嘉隆通宝""永寿通宝""光中通宝"等。笔者也比较留意舟山群岛安南钱的流通情况，收藏了一些安南仿宋年号钱"元丰通宝""景德通宝""元祐通宝",以及仿明朝年号钱"宣德通宝"等,以及轻薄钱币"安法元宝""祥元通宝"等铜钱。

由于舟山群岛的中街山渔场乌贼(墨鱼的一种)资源丰富,铜钱退出流通之后,舟山群岛渔民捕乌贼的网碇多使用铜钱制作。新中国成立后,机械帆船作业之后,东极岛等岛留存了不少曾用作网碇的铜钱。曾凡校先生在20世纪80年代东栖乡(现东极镇)的网碇钱中挑选出不少"景盛通宝""明定宋宝""太平圣宝""明德通宝""嗣德通宝""昭统通宝""元隆通宝""元符通宝""咸兴元宝""祥圣通宝""圣元通宝"等安南外币。

三、安南钱币输入沿海地区的渠道

渠道一:浙江与安南贸易直接流入和粤闽诸省与安南贸易收入间接流入。清康熙二十三年(公元1684年),浙海关设在宁波。浙海关下管辖的对外贸易的港口有定海、乍浦、温州、杭州等处;康熙三十四年(公元1895年)移设浙海关于定海,于是外商来定海日多,成为"夷钱"输入的渠道,造成外国轻钱在沿海泛滥成灾。安南虽非是清代浙江对外贸易的主要国家,但也有贸易往来,特别是通过福建作为中转而流入。安南轻薄小钱从广东潮州,经福建漳州、泉州沿海一路过来。道光九年(公元1829年),两广总督李鸿滨在《清严禁外国轻钱流入》的奏折中提到"风闻广东省行使钱文,内有光中通宝、景盛通宝两种最多,同有景兴通宝、景兴巨宝,景兴大宝、嘉盛通宝均为安南钱,谓之夷钱,掺杂行使,十居六七,潮州尤甚,并有数处专使夷钱。内地奸民利其钱质浇薄,依样仿铸,日积月多,且恐有另立名号假为夷钱,不可不防其渐,谨封号钱样请旨饬禁"。安南轻钱大量流入与沿海海外贸易有很大的关系。

两广总督李鸿滨上奏严禁外国轻钱流入的奏本得到清廷的钦准后,他立即下令各州县收缴外国轻钱,限期运到省销毁,力图净化钱币市场，同时采取相应措施。道光九年（公元1829年），清政府严查洋船夹带进口，此时轻钱进口有所收敛。道光十六年（公元1836年），有海船自南澳、汕头、庵埠等处偷运景兴、光中钱文，亦有民间私铸。后任的两广总督邓廷桢于道光十七年（公元1837年），为扫除市面上又在掺用的夷钱，拟每斤兑一百文，以一年为期限，收缴净化，并严查进口船只，以防私带，但执行效果甚微。道光二十年（公元1840年），潮州不法者，还假冒夷钱，私铸轻钱，把流通范围扩大至福建的漳州和泉州，以致浙江沿海。

渠道二：在浙江沿海的安南夷艇和广东海盗集团带入。历史上，浙江、福建等沿海百姓有私自与外商"非法"贸易的传统，明朝的潮州人许栋和许朝光父子、林道乾、林凤、曾一本等都是拥有海上武装的私商，曾在舟山沿海亦商亦盗。双屿港覆灭后，这些艇匪延续"传统"与"外夷"贸易，安南轻钱。清代的东南沿海海盗主要有两种：一种是洋匪，另一种是夷匪。洋匪，也称洋艇，指内地海盗，首先是蔡牵，其次为朱濆。洋匪的活动范围北至山东、南至广西；夷匪，又称夷艇，指与中国合作的安南人，这些中国人主要指凤尾帮与水澳帮。

四、清朝乾隆时安南铸造的钱币

明朝晚期，安南处在南北朝时期。中国进入清朝时，虽然南朝黎氏王室已统一越南，北朝莫氏的残余势力直至清康熙六年（公元1667年）被歼，但黎氏王朝的斗争日趋激烈。

公元1771年，越南爆发了西山农民起义，领导人是阮文岳、阮文惠、阮文侣三兄弟。因起义首先在归仁府的西山村爆发而得名。这次起义初期具有广泛的社会基础，并以社会和政治改革为奋斗目标，所以势力迅速扩大，并于公元1775—1778年，西山农民起义消灭了统治南方的广南阮氏家族。公元1778年（清乾隆四十三年），阮文岳称王于顺化，建元泰德。公元1786年始，阮文惠受命大举进攻北方的黎朝。公元1787年，阮文岳称帝，封其弟阮文惠为北平王，但阮文惠和阮文岳矛盾逐渐加深，阮文惠转而引兵相攻，至公元1788年，阮文惠在北方亦称帝，改泰德十一年为光中元年（清乾隆五十三年）。第二年，阮文惠灭掉了黎氏王朝，并向清朝求得册封，名为安南王。公元1792年，文惠死，子阮光缵继位，次年建元景盛（乾隆五十七年）。阮文岳、阮文惠建立的政权，史称西山朝。西山朝两大势力南北对峙，由于没能改变土地所有制这个根本问题，逐渐失去群众基础，最后被广南阮氏的王子阮福映联合法国军队所镇压，至公元1802年，西山阮氏灭亡。

图2-5-1 景兴通宝背"山西"

"景兴通宝"在丁福保的《历代古钱图说》记载：有真书、隶书、篆书3种，背有庚申、辛酉、壬戌、山西（见图2-5-1）、山南、京、中、北、西、太、工、三等字。[1]景兴钱背文所书多表明地名方位，这在明清钱币中随处可见，背文中有表示农历纪年的"庚申"等字倒是未见。明朝钱币中只有"天干"文字，如"崇祯通宝"背"乙、丙、庚"等，安南钱币背文的农历纪年可说是明朝钱币"天干"表示年份的发展。所以，从形制看，"景兴通宝"的铸造深受明清钱币的影响。

"泰德通宝"在《历代古钱图说》有记载：制作似"景兴通宝"钱，铜质，有赤色、黑色、黄白色等，背有星月文，又有草书"万岁"二字者，为泰德十四年阮文岳于归仁城位所铸。背有星月文，始于唐"开元通宝"，背书"万岁"始见于越南北朝莫登庸"明德通宝"钱。

"光中通宝"钱，厚0.05厘米，重量多不足2克，如《历代古钱图说》称其"薄如纸"。"景盛通宝"钱更薄如纸了，厚仅0.04厘米，

① 丁福保. 历代古钱图说［M］.上海：上海书店出版社，1986.

重量也多不足2克，不到景兴钱和泰德钱重量的一半，但钱币色泽相近，都是纯黄色。《历代古钱图说》称其都有"面背皆作重轮者"，为西山钱之特有。

从钱币角度看，中国文化对朝鲜半岛、日本、越南等国的文化发展影响很大。正因为安南是明、清的属国，所以安南在很多方面受中国文化的影响；在制度方面，公元1723年，安南初给学田，初行租庸调制；在文化方面，重视儒教，建立不少孔庙，宗教基本为汉传佛教宗派。由于中国文化对安南的影响深远，因此安南铸造的钱币深受中国影响也就不难理解了。

第三篇

大航海时代之后舟山群岛的白银贸易

第一章　葡萄牙主导的舟山双屿港走私贸易与中国白银输入

葡萄牙位于欧洲伊比利亚半岛西南部，公元1143年成为独立王国，是欧洲大陆上出现的第一个统一的民族国家。明清时期，我国对葡萄牙和西班牙统称"佛朗机"。直到19世纪，史书上才根据闽南语音将其译为"葡萄牙"。

一、葡萄牙东进与大航海时代的最早崛起

国际大航海时期是葡萄牙的全盛时代。15世纪初，在亨利王子的组织领导下，率先完成领土统一的葡萄牙成为世界海洋技术及探险的领跑者。葡萄牙人越过直布罗陀海峡，进入穆斯林在北非的统治区，并建立了殖民地，控制了非洲西北海岸的数个岛屿。公元1488年，葡萄牙人迪亚士的航海计划在亨利王子和王室支持下，沿非洲西海岸南行，一直到达非洲最南端的好望角，试图寻找一条欧洲通向东方的新道路，来满足欧洲人对香料的需求，但没有成功。公元1497年，达·伽马到达印度，找到了通向东方的航路。为巩固这一成果，葡萄牙派出海军，打退了以往在印度洋和阿拉伯海经商的阿拉伯人，并在印度半岛东部建立据点，随后葡萄牙船队便由印度洋继续东进。公元1511年，葡萄牙入侵太平洋门户满剌加（后称马六甲），至此，该国已在非洲、亚洲、美洲拥有大量殖民地，成为海上强国。

当时已有许多漳州、泉州一带的商民在满剌加定居和经商。葡萄牙人通过当地华人了解许多关于中国沿海的情况。公元1516年，葡萄牙人通过马六甲海峡进入中国南海，到达广东屯门，这是中葡贸

易的开始。据葡萄牙文献记载：公元1518年，乔治·马斯卡尼亚斯在广东屯门雇请中国舵手，驾驶几艘中国帆船，北上前往琉球，到达Chincheo（漳州的闽南话记音）时，由于错过了季风，改变计划，遂在漳州、厦门附近"积年通番"的浯屿岛海面，从事走私贸易。"佛郎机至中国，前往（广东）上川，复至舟山。"①

嘉靖元年（公元1522年）前后，葡萄牙商人来到舟山群岛。由于明政府从洪武初年开始实行海禁政策，除舟山本岛外，其余各岛尽皆荒废。此时，日本倭寇与中国沿海的土豪、奸商、海盗相勾结，大肆走私劫掠。嘉靖三年（公元1524年）开始，舟山群岛南部的六横岛港口被外人称为"双屿港"②，从此双屿港集中了葡萄牙、西班牙、荷兰、日本、东南亚的商人和华侨及西欧各国传教士，与岛上居民进行互市贸易。东南沿海的粤、闽、浙商人，以及徽商也纷至沓来，一时舶客万人，入夜灯火通明，甚至感到拥堵，船只无处停泊，双屿港在中西交往中逐渐成为一个繁荣的国际自由贸易口岸。至嘉靖十九年，盘踞在双屿港基地的各国商人下南洋，走日本，出没闽浙沿海，走私贸易活动日益猖獗。葡商使用银两大量收买中国丝绸、茶叶到欧洲销售，又从欧洲带来西班牙从美洲掠夺来的白银，大量流入中国沿海。他们控制了从欧洲到非洲西海岸，再到印度洋和东南亚的海上贸易航线。葡萄牙凭借控制东方到欧洲的香料贸易，大发横财。16世纪末，通过侵略殖民，在非洲、亚洲和美洲占领大片土地，葡萄牙成为海上强国。

葡萄牙人在安特卫普大肆收购各国工业品，导致工业品价格上涨，同时葡萄牙的东方贸易也带动了欧洲其他国家的工业生产。在葡萄牙的海外扩张过程中，香料贸易带来财富，无论是商人、贵族，还

---

① （清）魏源.海国图志［M］.长沙：岳麓书社，1998.

② 沈国平.揭开谜底：双屿港贸易城在六横峧头［N］.今日普陀，2016-05-24（B3）.

是城市普通人，生活水平不断提升，官吏机构日益膨胀。但葡萄牙也有致命的弱点，即它的工业生产能力没有相应提高。在垄断香料贸易的100年间，葡萄牙的工业生产和13世纪没有任何差别，城市生活的大量用品都依靠进口，这也是后来荷兰和英国能靠自己的工业品和舰队击败葡萄牙的原因。荷兰人和英国人一旦意识到葡萄牙人只是在转手贩卖他们制造的东西，于是他们就开始用自己的舰队一步步剥夺葡萄牙人在远东的据点，取而代之。公元1580年，葡萄牙被西班牙吞并。公元1640年，里斯本人民发动起义，起义成功后两国又各自为政。

二、葡萄牙商人平托记载的舟山双屿港贸易

关于双屿港的文字记载主要来自中国、葡萄牙和其他欧洲国家，以及日本文献（《中外双屿港史料汇编》）。中国嘉靖年间对双屿港的记载多以抗倭来记述。在东南沿海戚继光、俞大猷带领的抗倭战斗中，被明军斩杀的倭寇其实只有少数，主要是中国沿海亦商亦盗的一帮人。主导双屿港贸易的是葡萄牙人，他们在双屿港建立贸易基地，做中转生意，将中国、日本与南洋的葡萄牙殖民地、欧洲联系在一起，吸引西班牙、荷兰等国商人在中国沿海做走私贸易。

葡萄牙商人费尔南·门德斯·平托（公元1509—1583年）于公元1558年返回葡萄牙，公元1576年撰写了《远游记》，这是葡萄牙文献中比较有影响力的资料。在他逝后的公元1614年，里斯本出版了葡萄牙文版本，此后被译成多种文字，在欧洲流传甚广。根据学者对《远游记》的考证，作者平托应该到过中国的一些港口城市，至少对广州至宁波的海岸线甚为了解，虽然有关中国内地的描述多有虚构和想象，但游记本身的真实部分依然非常具有参考价值。

平托是葡萄牙商人、冒险家，出生于葡萄牙一个贫苦家庭。26岁时，平托前往印度，此后在东方四处游历，长达21年之久，过着一种非常神秘而又险象环生的生活。平托在其书中讲到，他在双屿门（双屿港）的经历，叙述了葡萄牙人在双屿港建立起颇具规模的贸易基

地，并且建立起完备的城市行政建置的故事。书中还说："我们行驶了6天，来到了双屿门。所谓门，实为两个相对的岛屿之间的水道。距当时葡萄牙人的贸易点有三里路，那里是葡萄牙人建立在陆地上的村落，房屋逾千，有市政官、巡回法官、镇长及其他六七级的法官和政府官员……该城充满自信和骄傲，有些房屋的造价已高达三四千克鲁札多。"①

据平托记载，双屿港内可容纳数百条船。在双屿港被摧毁前，有3 000多个居民，其中1 200个为葡萄牙人，其余为中国、马来西亚、占城（今越南中部）、暹罗（今泰国）、婆罗洲（今印度尼西亚加里曼丹岛）、琉球等国人。双屿港有1 000余座房屋，2所医院，6~7所教堂，1所仁慈堂。当时葡萄牙的贸易额超过300万克鲁札多，而且还经营着对日本的转口贸易，获利巨丰，甚至"双屿比印度任何一个葡萄牙人的居留地都更加壮观富裕。在整个亚洲，其规模也是最大的。"尽管平托的话有些夸张，但总体上能反映出双屿港当时作为国际贸易港口的繁荣。

《远游记》中也记下了在双屿港的葡萄牙人被明军剿灭的具体缘由：一个遭中国商人欺骗的葡萄牙商人，纠集歹徒向沿岸的中国村庄泄愤，抢劫杀人。中国居民上报官府，公元1548年，明军出兵将双屿港夷为平地。"我亲身经历了这场灾难，我们当时的人员和财产损失，多得无法评估。"这一战使葡萄牙人受到重创，不得不离开浙江，逃到福建沿海，后又数次被逐，辗转奔走多处。公元1553年，葡萄牙人取得澳门居住权，在澳门落脚。

按平托书中所述，葡萄牙人在双屿港的贸易额每年超过300万克鲁札多。克鲁扎多葡萄牙国王阿方索五世（公元1396—1458年）发行的金银币名称。葡萄牙几乎垄断了非洲和南亚海岸的黄金开采，其铸币产生了重大的变革。金币铸造量大增，反映了葡萄牙的繁荣，后几任

① ［葡］费尔南·门德斯·平托.远游记［M］.澳门：澳门基金会，1999.

国王也铸造了前所未有的大金币，以宣扬本国的财力。日本需要中国的丝（生丝和丝绸），但明初的"洪武祖训"和"大明律"禁止与日本的商贸来往。葡萄牙人的商贸与传教同步进入中国，且传教士还扮演着商人的身份，例如，耶稣会的海上贸易就是中日两个亚洲敌对国家之间的商业中介。平托最早也是随耶稣会来中国的，当时耶稣会与澳门其他商人向日本输出的主要物品之一为中国的丝绸。据记载，从中国采购百斤生丝的价格为30克鲁扎多，一匹染过的红绸价值25克鲁扎多，而生丝做成一匹绸缎只需要10~20斤，可见贸易利润达5~10倍之巨。葡萄牙耶稣会从事的另一项贸易就是黄金。在16世纪，日本不少地方发现了金矿、银矿，如岛根县的石见町及佐渡岛等。黄金和白银矿藏的发现与开采，立刻引发中国和欧洲商人的兴趣。在葡属印度第二任总督阿尔伯奎克（公元1453—1515年）攻占马六甲的时候，葡萄牙人听到了当地人谈及日本的黄金，30年以后，日本因储藏有黄金和白银更加引发欧洲人的向往。日本地方上的一些大名经常隐瞒当地出产黄金的消息，而且这些大名还想用日本出产的白银去中国换取更多的黄金，他们不希望引起织田信长或丰臣秀吉的注意，以便夺取更多财源。耶稣会同样对从事这样的金银贸易也怀有很大的兴趣。据法格雷多的《城堡、碉堡和国王任命的印度州要职官员收入》一书，以及由荷兰人林斯霍顿所写的游记中记载，每年由澳门去日本的海上航行，可以带来8万~10万克鲁扎多的收入。在相当长的一段时期里，以葡萄牙耶稣会为主体的澳门教会靠垄断中国大陆与日本之间的转运贸易，其教会事业得到了强大的财力支持。

三、双屿港国际贸易的货币支付

双屿港贸易的货币支付形式主要有以下三种：

一是葡萄牙十字钱。据编纂于乾隆十年的《清朝文献通考》记载：至于福建广东近海之地，又多使用洋钱。其银皆范为钱式，来自西南二洋，约有数万。大者曰马钱，为海马形；次者曰花边钱；又次曰十字钱。花边钱有大中小三等，大者重七钱有奇，中者重三钱有奇，小者重一钱有奇……闽、粤之人称为番钱，凡荷兰、佛朗机诸国商船所载，每以数千万元计。[①]此中所指的马钱为荷兰马剑银元，花边钱指比较规整的西班牙银币，因其边缘有花纹。而这里讲到的"十字钱"（见图3-1-1），是葡萄牙复国后开始铸造的一种币值为雷斯（雷亚尔）的早期葡萄牙本土银币，正面由盾徽和皇冠组成的葡萄牙国徽图案，背面是宗教十字架图案，该银币的制式一直铸造到19世纪初。

图3-1-1　葡萄牙十字钱

葡萄牙最初的硬币是国王阿方索一世（公元1109—1185年）下令铸造的"迪内罗"。迪内罗是当时仍在欧洲流通的一种罗马硬币的葡萄牙语翻译。迪内罗从公元1179年开始作为葡萄牙货币，一直使用到公元1433年。硬币正面有一个大十字架，这是中世纪钱币的特点。第一枚雷亚尔是费尔南多一世（公元1345—1383年）在公元1380年前后铸造的。这是一种银币，一枚价值120迪内罗。此后在历代君主统治时期发行过黑雷亚尔和白雷亚尔。自曼努埃尔一世（公元1495—1521年）统治时期起，名称被简化为"雷亚尔"，并开始铸造铜质雷亚尔。1910年，葡萄牙共和国宣告成立后，雷亚尔被"埃斯库多"取

①（清）刘锦藻.清朝文献通考［M］.杭州：浙江古籍出版社，1988.

代。葡萄牙王政复辟期间，国王若昂四世（公元1604—1656年）在公元1642年再次铸造了十字钱，但这次是银质的。[①]1998年在阿拉伯海发现了公元1503年葡萄牙航海家达·伽马探险船队中的一条沉船残骸，在残骸内更发现一枚极为罕有、有数百年历史的银币。捞获的罕有银币铸于公元1499年，葡萄牙这种十字银币所铸数量很少，不是大量带入与中国进行贸易的钱币，不可能大规模输入双屿港和中国内地，公元1521年前后铸造的雷亚尔银币在所有葡萄牙殖民地流通，但雷亚尔银币到中国只能按白银的成色重量来折算。

二是西班牙在美洲大量开采银矿并将其铸造银币，称为"块币"。西班牙向西完成航海探险发现新大陆后实行扩张，攫取了大量的美洲金银。公元1535年后，西班牙的"块币"在西方国家称"COB"，属手工打制，形状大小不一，根据打压受力不同呈不规则状，因而又称为切割银币。历经约200年，一直到公元1733年方才停铸。西属美洲银元重量相对统一，成色标准，因此在当时的东西方贸易中广受欢迎，而当时的葡萄牙造币技术不发达，从西班牙手中赚到银币后，就直接用于购买东方贸易香料和丝绸等物产。中葡之间的贸易转而使用这种西班牙银元，铸造期间大量流通于世界各地及我国东南沿海，在双屿港、中国沿海交易也要折算成白银进行交易。

三是纯粹的白银货币。16世纪中葡之间的贸易主要是以货易货和与日本转口贸易所获得的白银作为支付货币。其最大来源国是日本，西班牙银元后继流入，东西贸易主要以称量和估成色的纯粹白银作为支付货币。

双屿港是16世纪东西贸易的交会点，是最早的"自由港"，与世界公认最早的意大利热那亚湾的里南那自由港（公元1547年）相比还要早。作为持续了20多年自由贸易的双屿港，被日本学者藤田丰八

---

① 葡影先生. 葡萄牙货币简史：从罗马硬币到欧元［EB/OL］. https：//view. inews. qq. com/k/20220601A0AK6600?web_channel=wap&openApp=false，2022-06-01.

称为"16世纪的上海"。葡萄牙人从欧洲输入中国3 350万两西班牙银元，是西方人最早来华探险者在舟山留下的历史见证。中文、葡西文、日文记载的大量史料，为我们展现了舟山双屿港作为当时东亚民间贸易中心的繁华盛景。

第二章　源于美洲大陆的西班牙银元在舟山沿海的流通

公元1492年，哥伦布发现美洲大陆。公元1521年，西班牙正式占领美洲，随即着手开采金银，熔成金银锭运回欧洲。公元1535年，西班牙正式在墨西哥城首先设造币厂，把开采的白银按照西班牙本土的币制，就地制成银币，然后流入中国的沿海港口和地区，如福建的厦门、漳州的月港（今福建海澄县）、刺桐（今福建泉州）、浙江宁波、舟山群岛的双屿港等。隆庆元年（公元1567年），明朝开放海禁，设置"洋市"，海上贸易迎来高潮。外来的白银钱币被俗称"洋钱"。

一、西班牙与美洲白银

葡萄牙的海外扩张让西班牙女王伊莎贝尔不甘落后。这时，一个接受了"地圆学说"的名叫克里斯托夫·哥伦布找到了这位雄心勃勃的女王，他告诉女王，向西走也能到达东方。在经过长达3个月的谈判之后，伊莎贝尔女王与哥伦布最终签署协议。根据协议，哥伦布可以获得其发现地所得一切财富的1/10，并一概免税；今后驶往这些属地的船只，其所获利润的1/8归哥伦布所有。

之后，哥伦布率领包括"圣玛利亚号（100吨）"在内的三条小船，并委交给他一封致中国皇帝的信件。公元1492年8月3日，一切就绪，哥伦布带领87名船员起航。西班牙人越洋向西航行，10月12日船队到达巴哈马群岛，后又三次西航，到达中南美洲，这一偶然发现的"新大陆"，被哥伦布误认为所到之地是印度。1521年，麦哲伦率领船队绕过合恩角，5月，西班牙殖民者占领墨西哥，墨西哥沦为西班牙殖民地，之后西班牙占领了大半个拉丁美洲，包括古巴、墨西哥、危地马拉、萨尔瓦多、秘鲁、智利、玻利维亚、哥伦比亚、委内瑞拉、巴拿马、巴拉圭及乌拉圭。公元1535年，西班牙在美洲设立了包括墨西哥与美国南部总共450万平方公里的第一个总督辖区，称之为"新西班牙总督区"。与葡萄牙垄断东方的贸易相比，西班牙直接对美洲大陆开展贸易掠夺。刚到海地，哥伦布就命令当地14岁以上的成年男女每人每月缴纳数量极多的金砂，酋长也必须每两个月上缴一葫芦金砂。跟随哥伦布几次航行这条水道后，一批批的西班牙人开始前往这一偶然发现的"新大陆"，在大批西班牙移民到来之后，他们又以开发矿藏的形式掠夺贵金属。在掠夺黄金方面，西班牙人甚至对本国人也不例外。公元1495年，西班牙国王首次批准西班牙人可以移居"新大陆"，但前提是必须将所得黄金的2/3上缴国库。早期西班牙殖民者主要是掠夺印第安人的金银饰品和寺庙中的金银饰物。

公元1519年，西班牙探险队赫南·科尔特斯等从古巴出发抵达墨西哥，在一次偶然的机会，发现了富裕的阿兹特克帝国的首都——特诺奇蒂特兰。在欲望、野心和宗教热情的驱使下，埃尔南·科尔特斯联合成千上万的土著同盟军于公元1521年8月攻陷首都特诺奇蒂特兰，征服阿兹特克帝国。

随着香料货物经常运至里斯本，西班牙人认识到在围绕香料群岛的这场竞赛中自己正被打败。西班牙声称《托尔德西拉斯条约》中规定的分界线是笔直分割全球的，在分界线延伸至地球两极后，地球的另一面还存在连续的分割线，希望至少香料群岛中的一些岛屿位于分界线的西班牙一侧，于是派出麦哲伦往西开辟亚洲航道。麦哲伦船队于公元1519年9月10日出发，穿越美洲的麦哲伦海峡（后被命名）横渡太平洋。麦哲伦并没有直接开往香料群岛，而是到达了今菲律宾群岛的宿务岛，并把这个异国的岛屿变成西班牙的殖民地。在宿务岛，麦哲伦因介入当地土著的内讧，被杀身亡。麦哲伦死后，其他船员便分别乘剩下的两艘船，逃离菲律宾到达了香料群岛，谁知被早在那里的葡萄牙人袭击，后来靠一艘船体严重漏水、船员大批死亡的"维多利亚号"首先穿过加锡海峡，越过印度洋，然后绕过好望角，沿着整个非洲西海岸北航，最后驶回西班牙。随后西班牙又派出一支远征队，于公元1524年抵达香料群岛，但等待他们的是早已在那里站稳脚跟的葡萄牙人，远征队惨败。公元1529年，西葡双方签订《萨拉戈萨条约》，西班牙放弃对香料群岛（此指马鲁古群岛）的全部要求，并接受在马鲁古群岛以东17度处划定分界线，作为回报，西班牙国王获得葡萄牙支付的35万达卡金币。

公元1530年，弗朗西斯科·皮萨罗率队从巴拿马出发，几个月后到达印加帝国，公元1533年8月29日征服了印加帝国的首府——库斯科，领地迅速扩张。在征服印加帝国的过程中，印第安人为赎回被囚禁的国王，按西班牙人的要求，用黄金和白银将关押国王的牢房填满，其价值折合10亿美元之巨！通过对当地土著人的镇压和部落灭绝，西班牙征服了新大陆，给西班牙带来了半个拉丁美洲的殖民地（古巴、危地马拉、萨尔瓦多、秘鲁、智利、玻利维亚、哥伦比亚、委内瑞拉、巴拿马、马拉圭、乌拉圭等），疆土扩展到大西洋的彼岸和位于太平洋的菲律宾。

廉价的印第安劳动力和发达的种植园经济，更为西班牙带来了数不尽的财富。而且，对海上贸易的控制使西班牙通过垄断性商业贸易获得了巨额利润，有些单次航程的利润率就高达300%。西班牙每年有两支专门运载金银的船队往来于美洲和本土之间。据统计，从公元1502—1660年，西班牙从美洲获得1.86万吨白银和200吨黄金，至16世纪末，世界贵金属开采量中的85%都被西班牙据有。在占领拉美的300年间，西班牙从那里掠夺的黄金累计数百万千克，白银上亿千克，难怪有人说，美洲让西班牙的财富多得快要"溢出来"了。

二、西班牙银元逐步规整，流入中国后成为"本洋"

西班牙人在美洲这块疆土中发现有丰富的金银矿，数量巨大。大量的金银经大西洋运回西班牙，给西班牙带来了无可估量的财富，为其提供了发展国际通商所需的世界性流通货币最好的原材料。为了取得更大的利益，在盛产白银的所属殖民地，西班牙王室决定设立造币厂大量铸造银币，不同铸地的银币分别在背面边缘字母中各做标志。公元1535年，根据西班牙国王卡洛斯五世的旨令，新西班牙总督区在征服者首领科尔特斯宅邸附近（现墨西哥城市中心宪法广场西侧）建立了美洲第一家造币厂，于公元1772年开始铸造西班牙国王肖像的银币。"人像双柱"银元在西班牙部分殖民地铸地广、铸量多，流通区域广大，不仅对铸造国影响大，对其流通过的国家、地区也产生了深远的影响，但西班牙洋钱在美洲的铸造有一个渐进的过程，类型和规整度不断地完善。

（一）类型一：半手工制造的不规则银块（COB，科布）

这类打制银币直到公元1733年停止生产，因其币面上有突出的大十字图案，而被称为"十字钱"（见图3-2-1），在中国钱币博物馆、泉州华侨历史博物馆都有这类藏品。十字银币形状不规则，看起来其貌不扬，可传世很少。银币表面刻有洋文，重量与之后的圆形银币相似，无纪年，明代时流入我国，因其手工打制形状不规则，故多被镕铸，留存至今已很少见到。

图3-2-1　形状不规则、大小规格不一致的块币（十字钱）

（二）类型二：地球双柱图案银元

墨西哥造币厂从公元1732年开始由机器铸造，至公元1771年改版。机器制造的银币精美圆润，一面图案为盾形徽章图案，另一面图案为两个半球，两根柱分列半球左右，俗称"双柱双球"。除有本洋的"俗称"外，还有"双柱抱葫芦""双烛台"和"老双柱"的别称。清乾隆年间，西班牙将双柱图案的银元输入中国。老双柱分费尔南德三世（公元1732—1741年）、腓力五世（公元1742—1746年）、费尔南德六世（公元1747—1759年）、卡洛斯三世（公元1760—1771年）四种。

"双柱"银元（见图3-2-2）称为西班牙银元，实际并不在西班牙本土所铸，其国内只使用本土面值的银币。地球双柱铸造于公元1732—1772年，"双球"表示地球的东西半球，两半球上方

图3-2-2　机制双柱本洋

的皇冠，意示西班牙王国要控制和统治全球的陆地和海洋，左右两柱的柱顶还加置西班牙皇冠，意示西班牙"力大无穷"。另一面图案的中间略上方有大皇冠一顶，大皇冠下方中间有一盾框，框内有三朵百合花，外周四框设对角城堡和立狮，组成西班牙国徽，框外对称有四朵小花、银币的面值和铸造厂的标记，周边的字母意示为西班牙皇帝是西班牙的统治者，正教的保护神，兼印度皇帝。整个图案设计明确阐明了西班牙王国要不断扩大殖民地领土（西班牙国王的权力高于一切，西班牙一定能统治和控制整个世界），成为世界殖民帝国。流入中国的双柱双球银元多数是面值为"8R"（里亚尔）的银币，也有少量1/2R、1/4R、1/8R和1/16R四种面值的辅币（产自西班牙的殖民地墨西哥、秘鲁、危地马拉、玻利维亚）。

老双柱是改用机器铸造的新型银元，加入了近代钱币才具备的边纹，币面上有著名的地球与双柱图案，还有皇冠、王徽，但没有国王肖像。不同铸地各有记号，墨西哥为"M"上有一个小圈，危地马拉

为"G"，秘鲁为"LM"，智利为一近似"S"上加圈，玻利维亚为"TS"。

（三）类型三：各种版本的人像双柱银元

人像双柱银元民间俗称"佛头"，制造于公元1772—1825年。正面是人物胸像，背面中间为盾形国徽，徽上皇冠。国徽的两侧各列一柱，柱上卷轴绕裹，即新双柱，俗称"人像双柱"。它们是最早在中国流通的洋钱，统称"本洋"。人像双柱银元有卡洛斯三世（见图3-2-3）、卡洛斯四世（见图3-2-4）和费尔南多七世（见图3-2-5）三种。双柱银元在清代乾隆年间开始流入中国，并流通至东南亚、印度支那半岛、日本。双柱银元名义上为西班牙银元，实际都不是西班牙本土所铸，西班牙国内只使用本土银元。人像双柱银元不但铸地广，铸量多，而且流通区域广，对流通过的国家、地区产生深远的影响。

图3-2-3 "卡洛斯三世"银元

图3-2-4 "卡洛斯四世"银元

图3-2-5 "费尔南多七世"银元

以卡洛斯四世人像双柱银元为例，其正面为国王胸像，边缘书写西班牙文（CAROLUS Ⅲ）卡洛斯四世和铸造年份。背面中间为盾徽，盾中央椭圆内三朵百合花，另分4栏，斜角对称相同图案：一边为张口直立雄狮（代表亚拉冈王国），另一边为古城堡（代表卡斯提王国）；下方近似三角形中一个带叶石榴（国花），盾上皇冠。盾的两侧则各列一海格力斯柱，也称大力神柱。柱上卷轴挠裹，卷上书写西班牙"海外有大陆"。边缘有西班牙文、"8R""MO"（铸地墨西哥）字样。该双柱银元直径39毫米，重量27.07克，含银90%。由于墨西哥盛产白银，所铸双柱银元甚多，流入中国也甚广。

18世纪时交通不便，通信、运输都要几经周折，时日很长，殖民地造币厂短期内不可能接到新王铸币之像和指示，即使接到还要制模、试样、呈样审批，多次往返，生产又不能停顿待命，在此情况下，造币厂只好用"三世之模"，改"Ⅲ"为"Ⅳ"或"Ⅲ"，"三世头像、四世名号"之银元由此产生。这种名不副实的银元，非但在西班牙银元中独一无二，就是在世界银元中也极为罕见。①

费尔南多七世（公元1784—1833年），公元1803—1833年为西班牙国王，是卡洛斯四世国王的儿子，在继承王位后，法国的军队占领了马德里，拿破仑派其兄弟约瑟夫为西班牙国王，把他扣留在法国，至公元1813年获释。恢复王位时，他企图重新控制西属美洲殖民地，但到公元1826年，西属美洲殖民地已全部独立。

第三种新类型的银元除有"本洋"的名称外，也有"番婆头""佛头银""鬼仔头"的别称。因为银元另一面盾徽的两边也有双柱图案，所以又有"新双柱""新烛台"的俗称。"肖像本洋"流通于近代，存世量也较前两种多，而且为人所熟知，一般人说起"本洋"，就是指这一类银元。

从第二种类型地球双柱"本洋"，到第三种类型人像双柱"本洋"，其铸造国有墨西哥、危地马拉、秘鲁、哥伦比亚、玻利维亚、智利。"本洋"时代是海上大交通的兴起与世界性大交流的时代产物。欧洲诸国崛起，拓殖非洲、美洲和南亚，世界格局发生了翻天覆地的变化。"本洋"充当世界贸易结算货币300多年，地位类似今天的美元。

---

① 朱鉴清.外国银元丛谈［M］.上海：上海古籍出版社，1998.

三、西班牙银元输入中国后广泛流通

西班牙人像双柱银元铸地广，铸量多，流通区域大。这种银币先后流入菲律宾、印度，约在十六、十七世纪之交，渐流入中国闽、粤沿海地区。

西班牙统治了拉美，但并不满足在美洲霸权，还想到东方从事利润丰厚的香料贸易。他们不走葡萄牙人的东方航线，而是通过另一条航线到达东方。他们先是横跨大西洋到达美洲殖民地，再横渡太平洋到达菲律宾。菲律宾，位于东南亚，共有7 107个岛屿，其中大于1 000平方公里的就有13个，以吕宋（我国称小吕宋）和棉兰老岛最大。中国史籍记载的麻逸国、苏禄国，都是菲律宾地区的古国，郑和下西洋时曾到过该地，该地素与中国互有贸易关系。公元1571年，西班牙占领马尼拉，是继葡萄牙之后，第二个抵达远东的国家。菲律宾成为西班牙对远东，特别是中国与日本贸易的一个重要窗口和中转基地。

西班牙占领菲律宾时，明朝政府刚开放"海禁"。随着东南沿海商业、手工业日趋繁荣，公元1572年，3艘中国商船驶抵马尼拉，并另有5艘船抵临菲律宾南方诸岛。公元1587年，30艘大型中国商船驶抵马尼拉港，而西班牙贸易输出的只有银洋（西班牙本洋）。在马尼拉贸易繁盛时期，每年常有20~60艘中国商船开往马尼拉，贸易额达30万~40万比索，有些年份甚至超过百万比索。西班牙当时在"价格革命"的冲击下，社会经济恶化，无力满足殖民地对工业品的迫切需要，见对华贸易有利可图，于是便开辟了菲律宾通往墨西哥太平洋沿岸阿卡普尔科的航线，以菲律宾为中转站，在中国和墨西哥之间做起了买卖。据记载，公元1565年，第一艘"中国之船"——圣巴勃罗号，从菲律宾启航，劈波斩浪百余天，终于抵达墨西哥阿卡普尔科港（又译：亚加普尔科），当地人把这些运载中国货的大帆船称为"马尼拉之船"（或称"中国之船"）。之后，"中国之船"便频繁穿梭于中国、菲律宾、墨西哥之间。西班牙人的大帆船满载中国的丝绸、瓷器、珠宝、茶叶等商品，通过马尼拉帆船贸易，把货物运到墨西哥西海岸的阿卡普尔科港，再驱赶骡队驮运至墨西哥城出售或运销。中、菲、墨之间的海上丝绸之路给阿卡普尔科带来繁荣，使它从一个小渔村变成当时世界闻名的国际贸易港。这条海上丝绸之路一直连续兴旺了250年。阿卡普尔科博物馆现在仍可看到珍藏着那时由"中国之船"运来的中国精美瓷器，而且阿卡普尔科每年还举办历史以来形成的"中国之船节"。

"本洋"币面均有双柱，两根柱中卷裹着"S"形飘带，成"$$"状。当时人们在收付这种银币时，为了记账方便，就以"$"代表。于是"$"遂成为货币符号，至今有58个国家和地区仍然使用"$"作为"元"的货币符号，这从一个侧面反映了当年"本洋"被接纳的程度。据文献记载，第一枚双球双柱8瑞尔银币于雍正十年制造，第一枚查理三世胸像8瑞尔银币于乾隆三十七年制造。[①]

到鸦片战争前，外国洋钱只是作为士大夫阶层的一种玩物或收藏品，并没有成为按枚记值的流通货币。嘉庆四年，和珅家被查抄，除金银元宝外，还有洋钱58 000圆（估银40 600两）。以银两作为贸易结算有很大缺陷，即白银成色不统一，不法商人容易掺铅。有固定的成色、重量、图案的外国银元，在没有专门的铸币设备情况下，根本无法造假。所以，在沿海地区，由于洋钱的大小、轻重标准规整，在贸易结算中被使用。相关资料表明：福建泉州商人从东南亚运回来的西班牙银元数量非常之多，公元1600—1739年，每年运回福建的西班牙银元达200万~400万元。[②]据英国东印度公司记录：公元1681—1833年，西班牙银元输入中国达6 800万两以上，合近1亿元，绝大部分是双柱银元。鸦片战争后，"本洋"流通于长江中下游各省及河北、广东、福建等地，成为我国南方的主要货币。上海后来也成为西班牙银

---

① 朱鉴清.外国银币丛谈［M］.上海：上海古籍出版社，1998.

② 邱思达.中国近现代铸币图说［M］.北京：中国书店出版社，1991.

元主要流通区域。有人以"本洋为中国唯一之流通货币"的说法形容西班牙银元在中国流通的情况。西班牙在16世纪末被后起的英国殖民者取而代之，英国商人在与中国正常贸易中也大量使用这种银元。在中外贸易中，巨量的西班牙双柱银元是国际大宗贸易的结算货币——"结算本银"或"本位银洋"。随着长期贸易顺差，"本洋"大量流入中国市场。在广东地区，19世纪初，该种银元已成为广州对外商业贸易的基本流通硬币。中英签订的《南京条约》，就规定中国赔偿给英国2 100万银元，就是指西班牙本洋。

据光绪《定海厅志》记载，咸丰九年"有啸聚定海岑港天妃宫（之九丁），诈为郡城募兵，而设局市上者，伺轮船收港乃出击，否或昏夜袭乡村，斩门户，入执人去。时有钓山夏某以番银三千元赎，马岙林某以番银一千六百元赎，册子贺某以番银五百元赎……"[①]可见双柱番银（本洋）在舟山群岛流通得非常普遍。

公元1821年，墨西哥宣布独立，停止铸造西班牙本洋，使国际货币市场上的西班牙银元日趋减少。由于清王朝对外赔款，西班牙双柱银元是现存无几，收藏价值较高，备受收藏者关注。同时其他国家和地区陆续铸造的银币，无论重量还是成色都延续"本洋"传统的墨西哥鹰洋（直径、重量、成色都相似，为"双柱"一脉）影响，成为之后贸易银元铸造的样本，在世界货币史上占据重要的地位，并对近代中国币制产生重要的影响。

---

① （清）史致训，黄以周.定海厅志［M］.上海：上海古籍出版社，2011.

第三章 时运不济的荷兰马剑大洋钱

据《清朝文献通考》记载，"至于福建、广东近海之地，又多行使洋钱。其银皆范为钱式，来自西南二洋，约有数等：大者曰马钱，为海马形；次者曰花边钱；又次曰十字钱。花边钱有大中小三等，大者重七钱有奇，中者重三钱有奇，小者重一钱有奇……闽、粤之人称为番钱，凡荷兰、佛朗机诸国商船所载，每以数千万元计。"①所指的"马钱"为荷兰马剑银元。

荷兰马剑银元初铸是光边，后改为斜纹边。笔者收藏有一枚公元1791年荷兰马剑大银元（见图3-3-1），为早年张仁安先生所赠。该枚马剑银元的正面图案为：一名武士身骑奔马，一只手

图3-3-1 荷兰马剑大银元

持剑，另一只手拉缰绳，马下有立狮盾徽，徽上皇冠，边缘有一圈荷兰文字。背面图案为：中央盾徽，盾面有一张口立狮，右爪持利剑，左爪据7支箭束（代表荷兰独立时7个省），盾上皇冠，两侧各一戴冠立狮扶盾，下书铸造年份，边缘上下书有荷兰文。该银币重一两（31~32.6克，普通银元一般27克），直径42毫米，厚2.5毫米，斜齿边。荷兰马剑有大小型之分，大型每枚值3荷兰盾，小型为大型之半，更小型的值1荷兰盾。有藏友还有荷兰东印度公司发行的铜币收藏（见图3-3-2）。

---

① （清）刘锦藻.清朝文献通考［M］.杭州：浙江古籍出版社，1998.

图3-3-2　荷兰东印度公司发行铜币

一、荷兰海上霸权的确立与中国的贸易

葡萄牙、西班牙、荷兰被称为大航海时代的海上"三剑客"。荷兰继葡萄牙、西班牙之后，成为新兴崛起的海上强国，被称为"海上的马车夫"。公元1602年荷兰东印度公司成立，简称VOC，V串连O和C，上方A字为阿姆斯特丹的缩写（见图

图3-3-3　荷兰东印度公司标志

3-3-3）。当时的荷兰名尼德兰联省共和国授予荷兰东印度公司21年期限的垄断权，这是世界上第一家跨国公司、第一家发行股票的公司，也是当时世界第一家特大型公司。政府持有该公司的股份，公司有为战争支付薪水，与外国签订条约，铸造货币，建立殖民地的权利。公元1619年，科恩被指定为荷兰的东印度公司总督，首先在爪哇的巴达维亚（今印度尼西亚的雅加达）建立了总部。科恩残暴地使用武力，将班达群岛上的原住居民杀死或赶走，将其他的据点分设在东印度群岛、香料群岛上。科恩第二次成功地冒险构建了亚洲国家贸易体系，将贸易足迹延展到日本、朝鲜半岛和中国。公元1640年，荷属东印度公司占领了斯里兰卡重要的港口城市加勒，赶走了葡萄牙人，从而打破了葡萄牙人对肉桂贸易的垄断。公元1641年，荷属东印度占领葡属马六甲。公元1652年，公司在好望角建立据点，为公司来往东亚的船员进行补给，这块据点后来成为荷兰的开普殖民地。公元1658年，公

司攻占斯里兰卡的首都科伦坡。公元1659年，葡萄牙人在印度的沿岸据点均被荷兰人夺去。此外荷兰还在波斯、孟加拉国、马六甲、暹罗（今泰国）、中国广东和台湾、印度马拉巴海岸和科罗曼德海岸建立基地。

为了扩张亚洲贸易，公元1603年，荷兰东印度公司船长韦麻朗率领船队，经马六甲海峡，从巴达维亚抵达澳门，与葡萄牙作战，但遭失败。公元1604年，船队抵达中国台湾澎湖列岛，被明朝军队驱离，但仍不断骚扰。天启二年（公元1622年），荷兰乘明朝廷对内镇压白莲教起义，对外同北方的后金作战，东南沿海防御松懈之机，乘势侵占澎湖列岛。天启四年（公元1624年），荷兰海军一举攻占台湾岛，并以此作为经营东西方贸易的据点，扼制了中国海上丝绸之路的贸易要道，我国东南沿海外销瓷器、茶叶、丝绸等，途径台湾海峡时都要遭到盘剥。

荷兰同日本的贸易关系密切。16世纪，葡萄牙人和西班牙人先后抵达日本，开展传教、经商活动。荷兰作为欧洲新教国家崛起，为了寻找市场及追求利润，开始另辟美洲航线，历经重重困难，不远万里抵达日本。刚刚建立幕府统治的德川将军对欧洲人表示欢迎，荷兰人抓住机会在平户设立商馆。最初，日荷贸易的规模和交易量都不及日葡，但荷兰人通过运作亚洲据点、抢劫各国商船、疏通对日关系等方法，赶超欧洲诸国，成功立足日本。17世纪初，荷兰强大的海上实力在亚洲海域初露头角，并在17世纪30年代至40年代在日本迅速崛起。荷兰人奉行"只贸易、不传教"的策略，赢得了日本德川将军的好感和信任。如果说葡萄牙人是16世纪日欧贸易的最大赢家，那么荷兰人便是17世纪的最终胜利者。[1]明治维新前的德川幕府执行"闭关锁国"，极少和外国有交流，仅开放长崎港，实行"一口通商"，并且该港只与中国、荷兰两国进行贸易往来。

---

① 张兰星.论17世纪前期日荷贸易及其成功原因［J］.史学集刊，2014（5）.

清朝顺治三年，郑成功起兵抗清，荷兰人接到消息，郑成功打算进攻台湾，因此他们很早就把郑成功当作潜在的敌人。公元1653—1661年，荷兰殖民者由于和郑成功矛盾不断加深，试图和清廷建立贸易关系，以寻求结成军事同盟。顺治十八年，郑成功亲率2.5万名兵将，分乘百艘战船，从金门出发。他们冒着风浪，越过台湾海峡，在澎湖休整几天，准备直取台湾，在围困敌军8个月之后，向台湾城发起强攻，成功从荷兰侵略者手里收复了沦陷38年的中国领土台湾，结束了荷兰东印度公司在中国台湾的经营。从郑成功收复台湾到降服于清政府，荷兰人曾4次谋求同清军合作，但他们真正的协同作战只有一次，即在公元1663年7月攻下了厦门。康熙二十二年（公元1683年），清军水师提督施琅率军收复澎湖、台湾，统一了中国领土。

公元1669年，荷兰东印度公司成为有史以来世界上最富有的私营公司，拥有商船超过150艘、战舰40艘、5万名员工与1万名雇佣兵，公司投资回报率高达40%。在认购股份的高峰时，荷兰东印度公司共出售价值650万荷兰盾的股票，当时的10荷兰盾约等于1英镑，一位荷兰教师的年薪约280盾，仅阿姆斯特丹一地就认购了一半的股份。同时荷兰与英国之间的战争不断，两国在公元1780—1784年爆发战争。公元1795年荷兰被法国占领，荷兰共和国灭亡。由于欧洲各国对于亚洲货品的需求量大减，导致荷兰东印度公司的经济出现危机，终于在公元1799年宣布解散。公司解散后的财产和债务由巴达维亚共和国（公元1795—1806年，在现在荷兰大部分领土上建立起的一个法兰西第一共和国的傀儡国，是法兰西第一个也是存在时间最久的傀儡国，公元1806年，改制为荷兰王国。但是4年之后，荷兰王国被并入法兰西帝国。1815年维也纳会议后，和比利时合并为荷兰联合王国）承担，公司在东南亚的所有殖民地统称"荷属东印度"（尼德兰王国东印度殖民地），在荷兰人的经营下，19世纪扩展到整个印度尼西亚群岛，形成印度尼西亚现代意义的国家范围。

设在南亚的当时世界最大贸易商——荷兰东印度公司在存续的近

200年里，对世界贸易产生了重要的影响，每年给政府18%的分红，总共向海外派船1 772艘，约有100万名欧洲人搭乘4 789航次的船班前往亚洲，平均每个海外据点员工有25 000名，船员12 000名。荷兰东印度公司通过台湾与中国大陆进行贸易，将荷兰马剑银元输入我国。流入中国的荷兰马剑银元，部分从荷兰与日本的贸易输入中国，中国商品外销换回的大量番银中，荷兰银元占比不少。

二、荷兰人对中国台湾与日本贸易中转驿站——普陀山的劫掠

舟山人称荷兰为"红毛番"，对欧洲引种的土豆称之为"红毛番薯"。有一种小扁豆称"荷兰豆"。在普陀山清代之后的山志均记载有荷兰人抢劫普陀山一事。清朝末代皇帝宣统的外国老师、博学之士庄士敦在《佛教中国》第十二章《普陀山的寺院历史》中提到：

"红毛人"（荷兰人）被（郑成功）赶出他们在台湾的堡垒，作为掠夺者和强盗重新返回海上。1665年5月13日，他们的两艘船突然出现在普陀山的海岸。他们上岸后，僧侣们注意到他们有红黄相间的头发和胡子。他们把短毛瑟枪绑在背上，用火石放驱散人群。他们的目标相当明确。他们也有非常锋利的弯刀，除了其他武器，他们还带着弓箭。他们一上岸就做手势表示要吃的。他们叽叽喳喳，只是简单地说着一个单词："牛！"（实际是佛教徒放养到死为止的放生牛）。没人敢违抗他们，和尚们指着牛吃草的山坡，告诉水手们他们可以自便。于是他们开枪，打死了几头牛。第二天，他们又来了，说了些狡诈的话，说他们想做些有宗教价值的事。但首先他们用欺骗的手段诱使僧侣们上船后，就开始向他们要钱和贵重物品。然后他们强行进入寺庙，摧毁了画像，挖财宝，并抢夺积累了寺院数代的财富，包括作为明朝皇家所赐的镀金佛像和银质烛台、玉戒指、玛瑙和珊瑚做成的权杖、刺绣、门帘、卷轴、屏风、垫子——任何有价值的东西都没留下。他们打开了橱柜里皇帝赠送的佛经，剥去外面覆盖包裹的布，把

书弄成碎片，把布条做成他们的绑腿。回到他们船只的时候，他们把书撕掉并扔进了大海。他们直到用言语无法形容的方式玷污了普陀山的神圣土地，才扬帆远航。这里不仅包括两座主要寺院，甚至连岛上僻静地方的幽静隐士也难逃火灾的劫难。三个月后，"红毛人"又回来偷了一些牛。当他们第三次出现时，僧侣们都砍倒树木，拿起长矛，准备与海盗作战。但这一次，"红毛人"没有上岸。①

　　这个事件发生在荷兰与清军的第二次合作时。据《台湾外记》②记载，荷兰舰队进攻普陀山之后，海中突然出现铁莲花，致使荷兰的夹板船全部沉海。其实从普陀山志书中的记载来看，荷兰海盗还是回巴达维亚城（荷兰东印度公司大本营，现今雅加达）了。

　　庄士敦在《佛教中国》中还记述了一则荷兰人抢劫普陀山法雨寺铜钟，辗转多方努力送回普陀山的故事。③法雨寺（万历年间）的住持大智禅师亲自铸了一口钟，挂在寺院的钟楼上。荷兰人攻占普陀山，把这口钟劫走了，运到巴达维亚城，被悬挂在巴达维亚的城楼上。公元1699年，巴达维亚地震，钟被埋在废墟里，公元1723年被重新发现。法雨寺当时的住持法泽禅师是福建人，他动用福建商人把钟要了回来。公元1728年运回中国，暂放广东南澳岛。公元1733年，雍正皇帝生日那天，铜钟被运回了普陀山。但钟毁坏严重，需要重铸。公元1825年，有个姓徐的居士来山发愿重铸，重铸后的钟得以重新使用。

　　庄士敦的记述多依据山志而来。所谓的咬留叭国为马来语椰子（kalapa）的音译，指的是巴达维亚城（今印度尼西亚首都雅加达），荷兰东印度公司总部设在那里。至于清代笔记陈伦炯的《海国闻见

　　① ［英］庄士敦. 馨香永溢的"小白花"：庄士敦眼中的普陀山［M］. 宁波：宁波出版社，2017.

　　② （清）江日昇. 台湾外记［M］. 福州：福建人民出版社，1983.

　　③ ［英］庄士敦. 馨香永溢的"小白花"：庄士敦眼中的普陀山［M］. 宁波：宁波出版社，2017.

录》里，该钟回归的故事更具文学情结。

三、荷兰马剑大洋钱流入江浙沿海和目前留存情况

随着中外贸易日益频繁，自明代中叶以来，外国银元不断流入中国，首先流入沿海和外国有往来的港口。天启四年荷兰人侵占了我国的台湾，利用台湾与福建的厦门、龙溪的月港（今龙海）通商，大量荷兰银元流入闽南一带。荷兰马剑银元于公元1659年开铸，在南方地区的民间俗称为马钱或是马剑大洋钱，是最早流入中国的银元之一。后来由于西班牙的日益强盛，其在美洲生产的双柱银元大量涌入，荷兰马剑银元也就渐渐退出了中国货币流通领域。

在中国称量用银时，马剑银元大多被切割而按普通银块、成色和重量作为称量货币使用。到近代"废两改元""论枚计值"时，又由于其个大，重量要比普通银币重得多，都把它化成白银重新铸造普通银币。因有利可图，荷兰马剑银元大多被熔炉"吞食"融化。经近百余年来风风雨雨的洗刷，能够流传至今的荷兰马剑银元寥寥无几，找到一枚完整、图案清楚的马剑银元很不容易。荷兰马剑大洋钱要比其他外国银币的流通时间短，因此具有很高的收藏价值，其在钱币史上也占有一定的历史地位。

第四章 从浙海关银锭谈浙海关定海常关设立始末

一、浙海关银锭式样

海关银锭区别于普通银锭之处就在于其官铸的身份，其外形更加规范，表面光洁且含银量高。中国人民银行曾多次挑选历代银锭，在编写图谱时，选录了两件清代浙海关"廿年吉字"（781#）、"廿五年吉字"（7822#）五两银锭。[①]国家海洋博物馆馆藏有一枚浙海关关税税锭，戳印有"浙海关八年吉字"。同样的银锭在2010北京华夏藏珍国际拍卖有限公司秋季拍卖会上，出现编号为7011#的浙海关"念小年吉字"五两银锭，重186克。2015年西泠印社拍卖有限公司秋季拍卖会上，出现编号4699#拍品，浙海关"八年吉字"五两银锭，重量181.8克。2018年，北京诚轩拍卖有限公司春季拍卖会上出现了一枚"元年吉字"五两圆锭，重183克（见图3-4-1）。《中国历史银锭》一书记录的浙海关银锭有两件[②]，《中国历代货币大系》记录

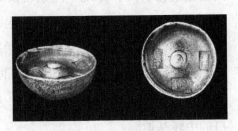

图3-4-1 浙海关五两银锭

① 文四立.中国银锭图录［M］.北京：中国金融出版社，2013.

② 汤国彦.中国历史银锭［M］.昆明：云南人民出版社，1993.

一件①，《丽庄藏中国银锭》有图片原物一件②，均系浙海关委托宁波吉字银号所铸关税锭，属浙江五两圆锭罕见的品种（见图3-4-2）。

图3-4-2 浙海关制造的银锭

二、海关历史和浙海关的建立

海关是政府专设管理海外贸易的机构，在中国历史上可以追溯到唐代。随着社会经济及航海技术的发展，多条海上航线开通，海洋贸易空前繁荣。在海洋贸易的带动下，一批沿海港口城市随之兴起。为了加强对贸易的管理，唐代开始设市舶使，掌管海外贸易，检查出入海港的外商船舶、征收关税、收购政府专卖品等。两宋时期，设置了市舶司，管理外贸船只、征税，同时对外商、本土商人及他们所贩卖的商品进行管理，体现了国家政权对海外贸易管理的逐渐完善、正规化。唐宋以来，宁波成为我国重要的对外贸易和人员往来口岸。为了有效管理，从北宋起，历代王朝在宁波都设立有关职能机构，宋代称明州市舶司，元代称庆元市舶司，明代称市舶提举司。舟山群岛历史上多隶属于宁波，舟山港口历来作为宁波港的外港，成为国家开放港口的中转基地。

---

① 叶世昌，郁祯祥，钱杰.中国历代货币大系清民国银锭银元铜元［M］.上海：上海辞书出版社，1993.

② 左京华.丽庄藏中国银锭［M］.北京：中国社会科学出版社，2014.

鸦片战争之前，中国没有海关这个名称，而叫钞关，是明清税关的一种，因最初用钞（纸币）交税，故名钞关，鸦片战争后才称海关。初称钞关，是有历史渊源的。清人顾公燮考释："元末钱多银少，议行纸钞。明太祖登极，设立天下各关隘，命以钞纳税，渐次收尽，故名钞关。"[①]后来，明朝通行的纸币宝钞废除后，钞关名称依旧沿用不变。清朝沿袭明朝关税制度，这一名称也就遗留下来。

舟山现有留存"钞关弄"一名，位于定海东大街，南起小河头，北至东大街，是清初最早设关的地方，后来搬迁到定海的道头。

清朝初年，因郑成功军队活跃在东南沿海与清军对抗，舟山曾是其外贸和驻军基地，所以清政府于顺治十三年，强令徙民，舟山遂成荒岛。清康熙二十二年，康熙平定台湾之后，海禁全面取消。为增加财政收入和安顿民生，康熙再次将目标锁定昔日的反清基地——舟山群岛，重开海外贸易。康熙二十四年，朝廷设广东澳门、福建漳州、浙江宁波、江南云台山四榷关，与外国通商。浙海关是我国最早的初具现代海关职能的机构，也是当时四大海关（江海关、浙海关、闽海关、粤海关）之一。宁波设立的"监督浙海关钞"，简称"浙海关"，管辖浙江全省海岸及河流所及的腹地，旧址在今宁波中山西路鼓楼边。设立之初由浙江巡抚管理，委托宁绍台道督理，专收海舶货税。又在杭州大关及古窑、小港、湖头渡、象山、沥海、乍浦、家子口、江埠、白桥、温州、瑞安、平阳等税口征税。每年额征税银35 908两，赢余银44 000两。凡商船出洋及进口，各货按斤、按匹课税者为多，有按个、件、副、只、条、把、筒、块者，各按其物，分别贵贱征收。

三、浙海关常关移关定海始末

康熙二十五年舟山展复之初，康熙帝以"舟山"之名中"舟"易

---

① （清）顾公燮. 丹午笔记［M］. 南京：江苏古籍出版社，1999.

动而不安定，而将宁波府所辖的定海县名（历经后梁至此，共计778年）移赐给舟山，定海赐新县名"镇海"。为方便征税，康熙三十三年，浙海关监督（官职名）以商船出入镇海口往返需百余里，且要经过水急礁多的镇海口，外国商船到镇海口往往回帆而去，且凡进出宁波府城的商船中途都要经过舟山群岛，因此奏请朝廷"请移关定海，岁可增银万余两"，但户部考虑到迁建需另外建造关署衙门，而原在宁波府城的海关衙门要废弃，故未同意，仍由海关差役前往收税。

康熙三十七年，浙海关监督张圣诏再次建议："定海岙门宽广，水势平缓，堪容外国大船，可通各省贸易，海关要区，无过于此。"并奏"自愿设法捐造衙门署一座，往来巡视，以就商船之便。另设红毛馆，安置红毛。夹板大船人众，可增税一万余两，府城廛市仍听客商贸易"。这份奏折终于得到户部同意。于是在定海县城内设立浙海关，并建造了红毛馆。红毛馆俗称西洋楼，是接待外国商人和船只的机构。"钞关"设在定海城内东门，即现今的都神庙。从此，定海成为对外贸易的重要港口之一，除与日本、朝鲜等国家贸易外，就连远隔重洋的英国也来定海贸易。

康熙三十九年，英国东印度公司派出监督驻定海，管理英商贸易事务。每当外国商船来到定海，钞关便派员到船上收税。清朝的钞关关税分为船钞、货税及规礼。船钞按商船的长宽尺度征收税收，因西洋船多为肚大而甲板小，一艘西洋船征白银二三千两。货税是钞关对进口商品的征税。根据货物的不同种类，按斤、匹、个、件、双、只、条、包、篓等单位征税。规礼是指验舱、押船、贴写小包等名目繁多的手续费。清朝的货税税章各省不同。因为江浙两省的钞关税率比粤闽低，且浙江物产丰富，价格又便宜，进口商品转销富裕的苏州和杭州也方便，所以外国商船纷纷来此贸易，以获厚利。在中外商船云集的定海港内，岸上矗立着许多大仓库，堆放着杭嘉湖的丝绸、茶叶，英国的呢绒，日本的铜材，等等，在码头和街市上到处可见各国的商人、水手，听到各国的语言。

据民国《定海县志》记载：

定海设关后，商船就近在定海经商，以致宁波商业萧条，宁波商人要求取消定海对外贸易，总督福浙部院为此金批："东西洋船愿往宁波者，听其驾赴宁波；愿往定海者，听其停泊定海。"于是各国商船停泊定海者日多，"一时称为盛事"。①

当时外国商船都停在东港浦及南道头，因收税不便，钞关曾多次迁移，先后设在南大街太保庙（老太保庙）、南道头的黄大来公祠和红毛馆内，但"钞关弄"的地名依旧留在了东大街支路。当时，浙海关的职责是管理来往日本的中外商船，稽查货物、征收船货税兼防守海境及严禁走私。宁波是清政府的办铜要地，凡是往日本贩铜的海外贸易船只进出口，必须经过浙海关查验。浙海关最初以粤海关税则为参照，公元1689年实施了新税则后，浙海关税则简略且税率低，实征税率也明显低于粤海关，再加上这里接近丝、茶等产品的主要产地，而中国出口的茶叶、丝绸等当时在欧洲市场十分受欢迎，于是西方货船便常来舟山沈家门港停泊，"舍粤就浙"现象不断蔓延。

公元1738年，乾隆下令加重浙海关税率，并明谕西洋商船不得再停泊宁波。尽管税率增加，但仍未能阻止西方商船的驶入。乾隆二十二年，乾隆颁布谕旨，浙海关停止征税，所有海舶均于广州停靠，由粤海关征税。浙海关定海分关和接待英商的红毛馆被关闭，浙海关仅处理国内贸易和中国商人出海事宜，其职能大大缩小。英国派马戛尔尼公使，以向乾隆祝寿之名义，进京要求乾隆皇帝将定海作为英国的通商区域，遭乾隆否定，英国对于这个战略要地一直觊觎。道光二十二年浙海关再设于宁波。

公元1840年，英国侵略军打响第一次鸦片战争，定海的第一次保卫战以定海知县姚怀祥自尽，定海城陷落落幕，英军任命传教士郭士腊为伪定海县令。三总兵驻守定海抗英失败后，英军再次占领定海。

---

① 陈训正，马瀛. 定海县志［M］. 台北：台湾成文出版社，1970.

《中英南京条约》签署后，宁波被列为"五口通商"口岸之一，海关主权逐渐丧失。公元1855年，宁绍台兵备道段光清接受英国驻甬领事和翻译官赫德关于在宁波建立新式海关的建议，咸丰十一年获总理衙门批准，在江北岸外马路设立税务司，宁波海关聘用外国人为税务司，归宁绍台道监督，征收对外贸易税费，俗称新关或洋关，而原来的浙海关（现中国人民银行宁波市中心支行址）改为专征国内贸易税费，浙海关变为半殖民地半封建性质的海关，直至1949年宁波解放。

第五章　墨西哥"鹰洋"是舟山群岛流通量最多的外国银元

一、古代中墨往来简要回顾

墨西哥位于北美洲南部，虽与中国远隔浩瀚的太平洋，但友好交往历史源远流长。据《梁书》中记载：公元5世纪时，中国僧人慧深远渡重洋，到达他所说的扶桑国。[①]扶桑国应是今天的墨西哥。早在16世纪中叶，法国学者德·歧尼就提出这样的看法，著名学者邓拓经过考证也对此论点予以肯定，即慧深到达墨西哥的时间比哥伦布到达美洲发现新大陆早1 000年。章太炎[②]、连云山[③]等人考证：东晋高僧法显跟随商船从斯里兰卡回广州，途中为风所漂，经考证到达的地点可能在南美洲墨西哥附近。在美洲多次出土文物中有秦汉时期的中国文物，关于这些说法史学界还有争论。《人民日报》曾刊登消息：墨西哥境内发现一处"大齐田人之墓"。碑文字迹明确，可以确定是田齐人墓葬，墓主人很有可能是田横旧部，先于哥伦布意外登上了美洲大陆。[④]在美洲其他地方屡屡发现有先秦文化的遗存：如秘鲁发现出土了按中国的习惯有车马殉葬的木乃伊，以及多处出土中国早期的文物。中国

---

① （唐）姚思廉. 梁书［M］. 北京：中华书局，2000.

② 章太炎. 章太炎全集［M］. 上海：上海人民出版社，1985.

③ 连云山. 谁先到达美洲［M］. 北京：中国社会科学出版社，1992.

④ 房仲甫. 扬帆美洲三千年——殷人跨越太平洋初探［N］. 人民日报，1982–12–05（B7）.

和墨西哥在人类学和古文化方面的许多相似之处表明，两国确有可能存在某种历史渊源关系。1973年，墨西哥总统埃切维里亚访问中国时说："我们（墨西哥人）最初的血缘在许多世纪以前就源于世界的这一地区（中国）。"[①]

公元1519年，墨西哥被西班牙占领。因墨西哥盛产白银，西班牙殖民者为了获取更大的利益，于公元1535年在此建立了北美洲第一家造币厂，最早流入我国的西班牙本洋和后来占据我国货币半壁江山的墨西哥鹰洋，大部分就是在此造币厂铸造的。菲律宾被西班牙人占领，方便了美洲与亚洲之间的贸易往来。当时中国货享有很高的声誉，中国与南洋地区贸易频繁，西班牙人见有利可图，开辟了菲律宾通往墨西哥太平洋沿岸阿卡普尔科的航线，以菲律宾为中转站，在中国和墨西哥之间做起了买卖。西班牙人的大帆船满载中国的丝绸、瓷器、珠宝、茶叶等商品，穿洋过海到达墨西哥。中、菲、墨之间的海上丝绸之路给阿卡普尔科带来繁荣，使它从一个小渔村变成当时世界闻名的国际贸易港。这条横渡太平洋的通商航路一直持续兴旺了250年，而连接这条航路的主要是丝和银，银就是以西班牙双柱币和墨西哥鹰洋币为代表。

二、鹰洋的类型和品种

鹰洋是一种俗称，取自一只鹰鸟的图案。舟山群岛民间俗称为"雕洋"，称洋钱为"银番饼"。清末、民国时期，中国好多地方鹰洋误称或误写为"英洋"，华北各地有称之为"正英"的，让人误认为是英国的洋钱。单花边鹰洋版别就十分丰富，粗略分三个层级，第一层是不同的14个造币厂，第二层是不同造币厂的生产年代和鉴定师，第三层级是相同造币厂和鉴定师，其币面骑字、鹰蛇图案变化等。粗略统计，仅8瑞尔鹰洋就有765个版别，若细分图案中其他差

---

① 张金江.中墨友好交往的历史见证［N］.人民日报，2002-03-01（B11）.

异，有说1 000多种版别，可谓世界之最。下面按传统的三种分类来介绍。

（一）第一种类型：花边鹰洋（公元 1823—1897 年）

墨西哥独立之后着手铸造鹰洋（见图3-5-1），该币铸于公元1823年，整体设计简朴，到公元1897年停铸。银币直径39毫米，重量27.07克，成色90.3%，花边边齿，铸造标准规范。

银元正面图案是一幅展翅雄鹰，嘴叼长蛇，单腿立在仙人掌上，即人们现在熟悉的墨西哥共和国国徽图案，上方边缘书墨西哥共和国的英文"REPUBLICA MEXICANA"。

图3-5-1　第一种花边鹰洋

墨西哥鹰洋的正面图案，即国徽是根据一个传说绘制的。传说14世纪时，墨西哥安纳阿呼克峡谷的阿斯狄克人南迁，寻找能够安居的富饶土地。太阳神指示祭司说：大伙儿在旅途中如果见到一只雄鹰，站立于一株仙人掌上撕食一条蛇，那就是永久的居住地，部族一定会繁荣兴旺。最后他们终于找到了神所预言的景象，为此修建了特诺奇蒂特兰城（今墨西哥城），并安居下来。整个图像象征着坚强不屈的墨西哥人民为捍卫自己的民族利益而斗争。

银元背面中央为一顶自由软帽，帽檐书有英文"LIBERTAD"（自由），帽子周围放射长短不一的32支光柱（代表31个洲和1个联邦区），下方边缘书有币值及铸造年份、花边。边缘下半方的装饰"五角星""8R""C"（或X）是固定不变的。"铸造年份"及前后的"字母"都是经常变换的。铸造年份前的字母是造币厂的标识印记。不同的造币厂有不同的标识印记。铸造年份后经常变换的两个字母同是鉴定师的缩写标识。"8R"即8个里亚尔的缩写，8R等于1比索（辅币有4R、2R、1R、1／2R四种）。

铸造鹰洋的造币厂有14家，共17种造币厂标识印记。根据鹰洋的铸造地或厂名的缩写字母区分，Mo代表墨西哥（Mexico city），A、As代表阿拉莫斯（Alamos），Ca代表奇瓦瓦（Chihuahua），C、Cn代表丘利阿根（Culiacan），Do代表果伦都（Durango），EoMo代表墨西哥爱斯它陀（Estado de Mexico），Ga代表瓜达拉哈纳（Guadalajara），GC代表瓜拉露泊卡尔浮（Guadalupey Calvo），Go代表瓜那叔多（Guanajuato），Ho代表荷莫西罗（Hermosillo），O、Oa代表奥沙卡（Oaxaca），Ce代表卡托尔塞（Real de Catorce），Pi代表圣路易斯波托西（San Luis Potosí），Zs代表克台克斯（Zacatecas）等铸地。

（二）第二种类型：直边鹰洋（公元 1898—1905 年）

直边鹰洋（见图3-5-2）边齿为直边而命名（见图3-5-3），面值由原来花边鹰洋8R（里亚尔）改为1比索，规格重量相同，图案也相似，发行于公元1898—1905年，背面大"自由帽"，鹰嘴所叼的蛇的尾巴较细，与鹰翅不相连，单腿立在仙人掌上，背面中央"自由帽"周围放射着的32支光柱，其中自由帽顶的3

图3-5-2　第二种直边鹰洋

图3-5-3　上为花边，下为直齿

支光柱，中间一支较长，同花边鹰洋正好相反。自由帽下边缘有9支光柱，花边鹰洋有11支。直边鹰洋由于造币厂、年代、字母的不同，形成的版别有40多种，发行数量较花边鹰洋少。

（三）第三种类型：自由帽天平鹰洋（公元 1869—1873 年）

背面主景自由帽天平的"鹰洋"（见图3-5-4）发行于公元1869—1873年，还有"法律卷轴"和"剑"，直齿边，用比索纪值，重量是26.95克，成色90.3%。"天平"寓意买卖公平，不偏一方；卷轴上有西班牙文"LEY"（法律），寓意公正依法；"利剑"寓意正义和权力保障，"自由帽"象征民族独立。
这种版别的鹰洋背面右下圈分别有字母"C""P""H""S""E""M"等搭配铸造，计有30多种版别，存世量相差悬殊。

图3-5-4　第三种自由帽天平鹰洋

鹰洋既有用8瑞尔标注的币值，又有用1比索标注币值的；从鹰图看，雄鹰所叼之蛇，有细蛇、粗蛇，雄鹰站立的仙人掌的刺有细长的，有粗短的；从自由帽下周的光柱排列有11支的，有9支的；此外，流向不同国家的"鹰洋"戳记各有不同的，如菲律宾是圆凸印戳记，有皇冠字母"Y""II"，日本"定""分""三""常"，古巴"钥匙"，泰国"塔""法轮"，哥斯达黎加凸圆印内有"双六角星"。

墨西哥产银，因此在西班牙统治时期铸的双柱银元也最多，流入中国的双柱银元以墨西哥所铸最多。墨西哥独立后，双柱银元停铸。墨西哥共和国正式成立后，随即开始铸造鹰洋银币。据公元1856年伦敦造币厂对中国流通的银币的一次化验证明，墨西哥银元含纯银371.57英厘，值英币50.21便士，而西班牙加罗拉银元含纯银370.9英厘，值英币50.12便士。墨西哥自铸的鹰洋，面值、直径、重量和成色完全一脉相承，且铸造数量很大，历时87年，并替代了双柱银元的地位，成为主要的流通货币。1909年，墨西哥停铸鹰洋。

三、鹰洋在中国的流通情况

道光年间，墨西哥鹰洋开始流向各国。墨西哥花边鹰洋在公元1840年前就流入中国，但数量少，往往要贴水才能使用。清政府被迫与英国签订《中英南京条约》后，开放广州、福建、厦门、宁波、上海五处为通商口岸，从此，舟山与西洋各国海上贸易更为频繁，洋货洋钱迅速从口岸流向内地。大概从咸丰四年开始，花边鹰洋开始大规模从广州流入。因其工艺精湛，大小、轻重适中，且成色好于市面流通银元，深受民众欢迎。公元1856年打开中国市场，替代西班牙本洋的"领地"。例如，广州本地人过去爱好西班牙银元，现在转而爱好整洁的墨西哥银元。19世纪60年代前期，墨西哥鹰洋取代西班牙本洋，成为中国许多地方的标准货币。交易都用鹰洋结算。与中国本地银元并行流通，在中国的金融市场上占据重要的地位。香港总督卡利斯·鲁宾逊在1863年谈到：鹰洋不仅是香港唯一的法偿货币，也在中国内地广泛流通。在许多内地省份包括中国东北的边远地区也能见到墨西哥银元。公元1863年，墨西哥开始采用十进位制硬币。19世纪末，8里亚尔的银元被1比索代替，但基本特征，尤其是雄鹰的图案，都被保留下来。墨西哥鹰洋制作和成色均称上乘，铸造量大，替代了双柱银元。1905年以后，墨西哥国内改行金本位，因为来源断绝，墨西哥鹰洋才逐渐退出中国市场。直到民国初年，墨西哥鹰洋还是中国流通量最大、流通最广的银元。据彭信威先生估计，输入中国的墨西哥"鹰洋""不下于3亿元"，主要是七钱二分的大银元。[①]

关于墨西哥鹰洋的广泛流通，舟山地方志记载：（舟山）历年侨外人数几达十万，家资累巨万者亦既有，人均平计之人岁赡养二百金，十万侨民岁得金二千万。[②]侨外人员回乡带入也是早期舟山群岛外国银元流入的渠道之一。为驱逐鹰洋及其他外国银元在市场的流通，上海县于咸丰六年指定银号王永盛、经正记、郁森盛三家铸造一两及五钱银饼二种，成色为99%，面背各铸有16个文字，仅有银商牌号、匠名、重量成色。光绪十三年两广总督张之洞开铸重七钱三分龙洋，因币量略重于外国银洋，受"劣币驱逐良币"规律的支配，成色、重量足的货币被收藏私毁或套利，之后改铸银元重量七钱二分，才与鹰

① 彭信威.中国货币史［M］.上海：上海人民出版社，1958.

② 陈训正，马瀛.定海县志［M］.台北：台湾成文出版社，1970.

洋等外国银元并行流通。

公元1905年，墨西哥采用金本位制而停铸鹰洋，至此，鹰洋流入中国日渐减少。虽然如此，到了公元1910年，仅上海一地几乎以鹰洋为主币。据相关资料估计，到公元1911年时，中国境内流通和贮藏的鹰洋总量约五亿枚，约占当时中国境内外国银元总数的1/3，当时上海金融市场专门开设鹰洋行市。公元1919年后，上海金融市场停开鹰洋行市。新中国成立之前，鹰洋一直流通，是流通时间最长的银币之一。1950年5月，舟山群岛由于新中国成立停止流通使用鹰洋。鹰洋退出流通领域。

墨西哥鹰洋成为中墨两国传统友谊的象征。1973年4月，周恩来总理将具有重要现实意义和深远历史意义，并经过亿万个中国人民之手，经历长时期流通，充当过商品交换媒介物的24枚鹰洋，送给当时正在中国访问的埃切维里亚总统。1990年5月，杨尚昆主席访问墨西哥时，将5枚天津银行保存的，公元1893年铸造的墨西哥鹰洋送给萨利纳斯总统。[1]

经海上丝绸之路，墨西哥鹰洋在中国流通，成为中墨两国友好交往史上的千秋佳话和两国传统友谊的见证。鹰洋铸量多，流通广，影响大，为世界铸币史上少有，受到钱币研究工作者和收藏爱好者的珍视。

① 张金江.中墨友好交往的历史见证［N］.人民日报，2002-03-01（B11）.

第六章 鸦片战争时期流入舟山群岛的英国东印度公司钱币

第一次鸦片战争爆发，驻守舟山的清军针对英军的入侵，进行了两次定海城的保卫战。由于清政府腐败和武器装备差距，英军两次占领定海城。随军士兵从印度将英国东印度公司铸造的钱币带入舟山群岛。因此，不少舟山钱币爱好者收集英国东印度公司制造的钱币，这些英国殖民色彩的钱币是舟山对外贸易，尤其是鸦片战争遗留下来的实物。

一、英国东印度公司

英属东印度公司，或称"不列颠东印度公司"，全称是"对东印度群岛贸易的英国商人联合公司"，于公元1600年由一批英国伦敦商人出资设立，是英国对东方进行商业垄断贸易和殖民扩张的组织，拥有军队，可发行货币。当时的"东印度公司"在欧洲有7家，除英国之外，影响力大的还有荷兰东印度公司。英国东印度公司是葡萄牙、西班牙、荷兰等国家逐渐衰落之后崛起的。明朝崇祯八年，英国东印度公司第一次到中国，雇用的还是葡萄牙人船只。崇祯十七年，英国东印度公司第一艘商船——"印地号"抵达澳门，从而开始了对华商贸。郑成功据台后，为开辟财源，以台湾为据点，和日本、东南亚各国，西班牙、荷兰、英国等进行国际贸易。从某种意义上说，英国东印度公司与东亚的贸易是由郑氏集团引进，并形成了郑氏的三角贸易格局。康熙二十二年，清朝平定台湾，英国东印度公司在厦门的商馆被清军占据，在台湾开设了12年的英国商馆于公元1684年封馆。

二、东印度公司与舟山的贸易

康熙二十四年，清政府设立粤、闽、浙、江四钞关。英国东印度公司在台湾封馆15年后，公元1699年，英国商船麦克莱斯菲尔德号到达广州，直接将中国的丝、茶和瓷器出口到欧洲，之后清政府允许英国在广州设立商馆，长住广州，非贸易期间则居住在澳门。粤海关所征税率高且官员腐败，英国人心常不满，因为英国所需商品多产于江浙，常找机会想在江浙沿海贸易。据舟山地方志记载，英国商船往来于澳门、厦门，有乘风至定海者，因地方官员不敢擅留，不得不绕道涉险去宁波交易。由于宁波港口狭隘，进出甬江往返不便，致使许多英国商船不敢再来。由于舟山群岛位于中国南北航道中心，处长江、钱塘江的出海口，背靠当时中国最富庶的丝绸、茶叶和瓷器等出产地，在多任浙海关监督官员的努力下，康熙三十七年朝廷终于同意浙海关移关定海城。其实，英国人很早就看中舟山群岛的地理区位优势，认为舟山群岛是最佳的货物集散地。在移关定海的次年，英国东印度公司为扩展贸易，派遣喀恰浦为第一任监督，将监督署、商馆设于定海。这一年，英国东印度公司对定海的贸易投资是101 300英镑，而同年对广州、厦门的投资总共才75 200英镑。

18世纪20年代前后，茶叶取代丝织品，成为中国第一大出口商品，英国东印度公司全力经营茶叶的出口。18世纪中叶，英国与中国的贸易量已超过了西方各国的总和。有关这期间英国商船来舟山贸易的资料很不完整，据美国人马士《东印度公司对华贸易编年史》[①]记载，公元1644—1704年，英船到舟山贸易有12次。自康熙三十九年至乾隆二十二年，东印度公司曾经派遣30多艘船只先后到过舟山贸易，乾隆二十年以来，"外洋番船收泊定海，舍粤就浙，岁岁来宁"。当

---

① ［美］马士.东印度公司对华贸易编年史（1635—1834）［M］.广州：中山大学出版社，1991.

时，英国、美国、法国、丹麦、荷兰等国的商船，云集定海港内，英国东印度公司复遣通事洪仁辉到定海、宁波管理贸易。

乾隆年间，杨应琚奏请提高浙海关征税，得到清政府同意。乾隆二十二年，清政府撤销闽、浙、江三个海关，来华贸易仅限于广州，严禁前往其他地方交易，浙海关及其定海分署、红毛馆因此废除。公元1759年，东印度公司洪仁辉不顾禁令复至定海，欲往宁波要求通商，遭到巡洋清兵拦截，后被清政府监禁于澳门3年。自此，定海再没有外国商船前来。

三、英国对舟山群岛的觊觎

18世纪中叶以后，英国经过工业革命，经济发展迅速，为了开辟市场，争夺原料，英国人来中国东南沿海一带进行商业贸易，而英国进口中国商品只有粤海关一个窗口，英国的商品又无法大规模进入中国，亟须找到其他入口。英国虽然在南洋和日本寻找贸易的机会，但始终未能叩开中国的大门。公元1792年，英国正式任命乔治·马戛尔尼为正使，乔治·司当东为副使，以祝贺乾隆帝80大寿为名出使中国，从英国朴次茅斯港出发。乾隆五十八年，使团一行700多人到达中国广州南部海域。英国使团名义祝寿，真正目的却是想恢复与中国的通商。使团在舟山停留休息和考察了七天之后返英，其成员出版5部旅行记或日记。其中乔治·斯当东的《英使谒见乾隆纪实》①是关于此次外交使命记录的"官方版本"（出版于公元1797年），书中将乾隆年间的定海城比喻为生态优美、商业繁荣的威尼斯城，重新点燃英国商人对舟山港口贸易的热情。

乾隆帝正式接见使团的时候，马戛尔尼代表英国政府提出了六点请求，要求签订正式条约：一是请中国允许英国商船在舟山、宁波、天津等处登岸经营商业。二是请清政府按照从前俄国商人在中国通商

---

① ［英］斯当东.英使谒见乾隆纪实［M］.上海：上海世纪出版集团，2005.

的例子，允许英国商人在北京设一洋行买卖货物。三是请于珠山（英国人地理测绘地图上舟山的音译地名）附近划一未经设防之小岛归英国商人使用，以便英国商船即行收歇，存放一切货物且可居住商人。四是请给予于广州附近同样权利，允许英国商人自由往来，不加禁止。五是对英国商货自澳门运往广州者，要特别优待，赐予免税。如不能尽免，请依公元1782年的税率从宽减税。六是请允许英国商船按照中国所定税率切实上税，不在税率之外另外征收。马戛尔尼以书面提出的请求，都涉及割地和免税，遭到乾隆拒绝。

四、流入舟山的东印度公司钱币

第一次鸦片战争的两次定海保卫战中，除英国士兵外，还有不少印度雇佣军。英国牛津大学图书馆有一本公元1846年舟山南门外太保庙刊印的《英华仙尼华四杂字文》（见图3-6-1），此书的编者仙尼华四为印度马德拉斯（今泰米尔纳德邦金奈市）高种姓学者，马德拉斯是东印度公司在南亚的重要基地之一，仙尼华四是从该地跟随军队到达舟山的军人。根据文中作者所写的英文序言称，仙尼华四随军队驻于舟山，在英军中担任首席会计。第一次鸦片战争期间，有些商家为迎合英军生活需求，特别是西装裁缝店等，使用英文商业招牌招徕生意。其实英军里只有部分是真正的英国人，大多数士兵来自印度。英国利用印度成立的东印度公司，从中国大量进口茶叶，并在印度种植鸦片向中国贩卖。东印度公司的贸易拓展遭清政府的阻止后，发动了一场侵略战争。在定海，无论是英军还是印度过来的东印度公司的士兵（特别是马德拉邦人）随身都会携带东印度公司的货币，那时中国大处用银（两），小处用（铜）钱，从印度带来的钱币在舟山支付使用时都要折算成白银和铜钱。从公元1833年起，英国的东印度公司在印度开始发行有别于邦币的、供印度全境流通的机制钱币。铜币面额上的外圈铸有发行机构"EAST INDIA COMPANY"（东印度公司），最初仅有四种面值。1/4安娜铜币（见图3-6-2）分章型、币型，字体也不同。银币图案为威廉四世，鸦片战争发动那年，印度发行维多利亚女王头像银币，有2安娜、1/4卢比、1/2卢比和1卢比四种面值。双辫1卢比银币（见图3-6-3）直径31毫米，重量11.66克，含银91.7%。银币正面女王文字（VICTORIA QUEEN）位于正面顶部，发梢单条的俗称单辫。两个发梢的俗称双辫，文字位于头像两侧。公元1858年，东印度公司被解除行政权力，公元1860年，东印度公司开始业务缩减，只保留茶叶与咖啡等传统贸易。公元1862年，英国在印度殖民地发行的硬币改版，取消了东印度公司的名称，仅标注"INDIA"。公元1874年，随着《东印度公司股息救赎法案》生效，该公司解散。

图3-6-1　舟山南门外太保庙刊印的《英华仙尼华四杂字文》

图3-6-2　东印度公司发行的1/4安娜铜币　　　　图3-6-3　双辫1卢比银币

　　鸦片战争是中国社会由封建社会变为半殖民地半封建社会的转折点。过去史学界存在较多的说法，公元1840年6月28日，英国"东方远征军"封锁珠江口，爆发第一次鸦片战争，但事实应以英军大举入侵定海的7月5日为开始，定海保卫战应定义为开始鸦片战争的第一场战斗。大量的历史文献证明英国对舟山群岛蓄谋已久，近些年开放的英国政府档案、东印度公司档案表明，英国选择定海作为入侵中国的突破口实有其全面打算。英国外交大臣巴麦尊致海军部密函中曾说，广州离北京太远了，不宜采取什么决定性的行动，海军应在封锁珠江后向北进发，封锁舟山群岛对面通往杭州府的海湾……成为永久的司令部。因此英国政府在第一次鸦片战争中，要夺取的主要战略目标是舟山而不是香港，只是在占领舟山后陷入困境，才不得不退出舟山而强占香港。在《南京条约》签订之后，英国又重新考虑用香港交换舟山，不过，英国政府最终未采纳，也未能诱使中国政府将其开辟为通商口岸，而是狡诈地利用了两广总督耆英的妥协态度，在名义上将舟山群岛交还中国，实质上仍置于其保护之下。英国侵略军前后侵占定海长达6年，特别是英军第二次侵占定海时间5年有余。这些遗留在定海老百姓家中的东印度公司钱币，是英国侵略和发动鸦片战争留下的实物资料。

第七章　舟山沿海曾经流通过的主要几种洋钱

　　19世纪末，西方列强掀起了瓜分中国的狂潮。腐败无能的清政府无法抵御外来侵略，为了争夺在华利益，列强国家的银元先后涌入中国。除了西班牙本洋、墨西哥鹰洋、荷兰马剑洋，各国相继制作银元，用于和中国贸易，此类银元统称贸易银元。贸易银元主要有日本贸易银元（日本龙洋）、英国贸易银元（香港站洋）、美国贸易银元（拿花）、法国安南银元（安南法光坐洋），还有如英国的海峡殖民地、英属印度殖民地、英国本土、奥地利、法国、德国、南美诸国等的银元，但比较少见。

　　墨西哥独立之后，西班牙中断铸造本洋，墨西哥鹰洋流行东亚。为了与鹰洋竞争，日本和法属安南等先后自铸银元。美国也羡其利，再度仿制贸易银元，出口远东。为便于流通并与鹰洋抗衡，这些银元的形制、重量、成色都锚定鹰洋，适应中国人使用习惯，流入我国若干地区。

一、美国贸易银元——拿花

　　美国贸易银元，国内俗称"拿花"或"一枝花"（见图3-7-1），是1美元面值的银质硬币，于公元1873年开始铸造，成为清朝后期国内标准贸易银元之一。

图3-7-1　美国贸易银元"拿花"

19世纪中叶，美国工业产能开始超过国内需求，为了给自己的产品寻找新的市场，美国商界领袖开始把目光投向东方，尤其是中国。美国为了争夺远东贸易和抢占墨西哥鹰洋在远东的银元市场，国会决定增加银元的银含量（含银90%，重27.22克，折纯银0.7878盎司），而当时墨西哥鹰洋含银90.3%，重27.07克，折纯银0.7859盎司。公元1866年起，为加强对基督教信仰的传播，美国钱币增加了"我们信仰上帝"的铭文。公元1873年开始发行由造币局首席雕刻师威廉·巴伯设计制作的美国贸易银元。正面为"自由女神像"（代表东方）坐像，左手握一绶带，文字"LIBERTY"（自由），右手拿橄榄枝，座底饰带书文字"IN GOD WE TRUST"（我们信仰上帝），下铸年号"1877"，边缘左右共13颗六角星，代表独立时的13个州。背面图案为桀骜不驯昂首展翅的立鹰，它的爪子按住3支箭和月桂树分枝，头上文字"EPLURIBUS UNUM"（合众为一），脚书含银"420GRAINS"（译作格令，1格令为64.8毫克，420格令为27.216克），"900FINE"（成色千分之九百即90%）。上环书"UNITED STATES OF AMERICA"（美利坚合众国）。下环书"TRADE DOLLAR"（贸易元），直径38毫米。

美国贸易银元由3家造币厂生产：国家造币厂——不加字母标记；SAN FRANCISCO（圣弗兰西斯科，即旧金山）造币厂标记为"S"；CARSON CITY（卡森城），造币厂标记为"CC"。除国家造币厂外，选其他两家铸币的原因是：圣弗兰西斯科（属加利福尼亚）是通往太平洋和远东的门户，就近铸造，就近出口，取其便捷；卡森城是内华达州首府，靠近加利福尼亚，卡森城在公元1859年发现银矿，用卡森城之银铸造，经圣弗兰西斯科转运远东也是捷径。

根据有关资料表明，美国贸易银元铸造于公元1873—1885年，总铸造数为35 966 139枚，最常见的是标注年份为公元1873—1878年，流通币于公元1878年停产，精制币继续限量发行到公元1883年。公元1879—1885年铸造数大量减少，仅铸造6 579枚，占总铸造数0.018%；

公元1884年，只有10枚，最少年份是公元1885年，只铸造了5枚，公元1887年7月美国政府下令收回。公元1873年，铸造的贸易银元大部分都流入中国。同年10月，同治帝下令化验美国贸易银元后，下旨，奉天承运皇帝诏曰：各地军、农、工、商人等，须知"飞鹰贸易银元"已于近期抵达香港，并经联合特聘官员化验检定，可用于支付税款，可令之进入流通，尔等勿须多虑。同时严禁鼠窃狗盗之辈为一己私利伪造新飞鹰银元。胆敢抗旨以身试法、私铸硬币者，一经发现、必将严惩。尔等须晨兢夕厉，不得有违，钦此！

　　由于美国贸易银元铸数不多，加之回收、熔化、遗损和烂版，因此品相好的留存极少，又因其工艺精细，线条流畅，图文清晰，是世界贸易银元中的精品。

二、日本贸易银元——日本龙洋

　　日本贸易银元，因背面有飞龙图案，中国民间称之为"龙洋"，主要有面值壹圆、贸易银两种，以壹圆常见。日本贸易银元为明治维新后铸造，明治八年，日本政府为了便于和清政府、俄国、朝鲜、美国、墨西哥、英国、法国、葡萄牙、西班牙及荷兰等国进行贸易，特别铸造发行了总数为305万枚的贸易银元。这种银元标准重量为27.216克，成色含银为90%，选用美国公元1877年银元的版本，将原来的一圆银币改制成贸易银，在铸造发行了3年后终止。加上明治三年开始铸造发行的"太阳版"早期银元，历时45年，直到大正三年结束，共铸有明治三年、七年、八年、十一年至三十年、三十四年至三十九年、四十一年至四十五年和大正三年等31个年份，累计铸造银元超过2亿枚。日本龙洋的版别大的分类主要为以下几个方面。

（一）太阳版

　　明治三年首铸的龙洋（见图3-7-2），正面是"抓球飞龙"图案，边缘用汉字书写"大日本""明治三年""一圆"字样；背面为一轮太阳光芒四射，外有一圈点珠，珠圈边缘上方嵌国徽即一朵16瓣菊花，其左右是樱花和菊花绸带同心结，俗称"太阳版"，版别依"圆"字不同分为：一是"圆"字撇较短，撇与捺左短右长，人们称为"普通圆"；二是撇与捺长短相同称"正贝圆"；三是"圆"字内"贝"

图3-7-2　太阳版：明治三年首铸的龙洋一圆银元

字少一横，又称"欠贝圆"，此类币在太阳版中最为珍贵。

（二）壹圆版

明治七年，龙洋有一种用汉字大写"壹"的纪值，俗称"壹圆版"（见图3-7-3），十分罕见。与其他日本龙洋版别最大的区别是其铸造年份与其他版别相反，铸在背面同心结下；成色也

图3-7-3　壹圆版：日本明治七年铸造银元

特别，含银、铜比例分别为90.2%、9.8%；其正面英文改单列编排为两行排列，且龙图外没有圈珠点。正面汉字字头朝外沿，与其他龙洋文字相反。

（三）一圆版

一圆版系列从明治七年至大正三年，共铸30个年份。一圆版龙洋（见图3-7-4）正面珠点圈内为"抓珠飞龙"图案，边缘汉字书写"大日本明治×年"，下环书"416"（重量416格令）、"ONE YEN"和"900"（含银90%）。

图3-7-4　一圆版式：正面珠点圈内抓珠飞龙图案

背面樱花和菊花结扎成环，上嵌一朵16瓣菊花（国徽），内中间直书"一圆"。年份中以明治八年版最为珍贵。明治十九年可分前、后

两期版式，前期198道直齿纹，直径38.6毫米；后期俗称"中型"，217道齿纹，直径为38.3毫米。明治二十年有大型、小型两种，大型直径仍然为直径38.6毫米，小型从明治二十年后至大正三年，直径38.1毫米。此外，明治二十五年也可分前、后期两种版式，前期"明治二十五年"字体比普通字大，龙头火焰下有4横。

（四）贸易银版

贸易银版正面图案同样为"抓珠飞龙"（见图3-7-5），边缘汉书"大日本明治×年"，下环书"420 GRAINS"（420格令）"TRADE DOLLAR"（贸易元），"900 FINE"（纯度90%），背面樱花和菊花结扎成环，

图3-7-5　贸易银版日本银元

中间直写汉字"贸易银"3字，环顶为日本皇室"十六瓣八重表菊"纹章。贸易银版龙洋仅铸3年。

此外，从明治七年到三十年，有一部分龙洋由大阪造币厂和东京造币厂人为地在一圆版龙洋左右空白处打一"银"字戳，右边戳称"右银"，左边戳称"左银"。明治二十六年和三十年打"银"字戳较少，其他年份"银"字戳与普通无戳龙洋相同。日本龙洋太阳版、壹圆版、一圆版，以及打"银"戳版重量均为26.96克，贸易银版是27.22克，比其他版别重。

日本贸易银元的发行始于日本明治维新以后，日本逐步走上军国主义和对外扩张道路之时。公元1872年，日本出兵占领中国琉球和台湾群岛，公元1879年又将琉球改名为冲绳县。中日甲午战争后，李鸿章在日本马关签订了丧权辱国的《马关条约》，承认日本在朝鲜的权益，将台湾、澎湖列岛和辽东半岛割让给日本，开放沙市、重庆、苏州、杭州为通商口岸。同时，规定日轮可以自由出入搭客载货，允许日本人在中国通商口岸开设工厂等最惠国待遇。西方列强掀起了瓜分中国的狂潮，《马关条约》是日本侵略者强加在中国人民头上的枷

锁。当时大片的中国国土沦为日本殖民地，数以亿计的白银被日本侵略者掠夺，这些白银对日本之后的经济发展起到不可估量的作用。中国许多重要城市，变成日本商人剥削的场所，主要表现为通过洋行，进行贸易输出。日本也把龙洋当作占领中国市场，获取高额利润，控制中国政治、经济、文化的工具，大量的龙洋输入中国，套购中国纹银，牟取暴利，造成中国纹银外流，银价高涨，市场恐慌，严重地损害了中国主权，加速了封建主义及货币制度的崩溃，迫使中国进行币制改革。

三、英国贸易银元——站洋

由于英国政府禁止输出本国银币，因此英国东印度公司向中国购茶使用当时通行的西班牙本洋。英国贸易银元（见图3-7-6）于公元1895年开始先后铸于英属印度的孟买、加尔各

图3-7-6　英国贸易银元

答、中国香港及伦敦，专用于英国在亚洲的贸易，特别是印度和中国的贸易。因为该币绝大多数铸造于英属印度，所以又称"英国东印度银元"。该银元正面铸有不列颠女神站像，右手握三叉戟，左手扶带"米"字椭圆盾，洋面一艘扬帆之船，上缘两侧分别为英文"ONE"和"DOLLAR"，海神像下有铸造年份，故我国俗称"站洋""立洋""杖洋（误三叉戟为杖）"。背面中央铸有"寿"字中国图案花纹，并四等分"如意"，上下书中文"壹圆"两字，左右为马来文，直径39毫米，重26.9568克，含银90%，集英文、中文、马来文三国文字于一体，在铸币上是非常少见的现象，特别是在正中铸有中国古老的篆书"寿"字。该币由香港、新加坡、上海等地的英国银行发行，广泛流通于亚洲各国。站洋停铸于公元1935年，总铸数近2.7亿枚，流入中国广东、广西最多。公元1900年以后，北方也开始使用，特别盛

行于京津地区，在我国自南到北的大部分地区普及。当时香港第一次发行壹圆银币，并获得在内地的法定流通资格，因此广东部分地区也习惯称为"香港壹圆"或者"港光"。它是英国殖民统治者进行鸦片贸易，掠夺中国白银财富的工具。

四、法属印度支那贸易银元——坐洋

法国殖民地所属的印度支那，大致范围在东南亚印度支那半岛东部，包括东京、安南、交趾支那、老挝和柬埔寨等地（相当于现今的越南、老挝和柬埔寨），总面积741 242平方公里。公元1858年，法兰西第二帝国入侵安南，公元1884年，强迫安南签订第二次《顺化条约》，安南沦为法国殖民地。

在中国人民银行1952年内部出版的《银元图说》中，将法属印度支那贸易银元（见图3-7-7）称为安南银元，亦称坐洋法光（光洋），因为这种银币正面所铸的自由女神坐像头上的花圈有光芒七束，俗称"七角"，为清末民初在华流通的外国银元之一。

图3-7-7　法属印度支那贸易银元"坐洋"

法属印度支那贸易银元正面主图为手执束棒的自由女神坐像，这也是坐洋得名的原因。坐像的两侧铸法文文字"REPUBLIQUE FRANCAISE"，（法兰西共和国）女神座下方有小字法文"BARRE"和该币发行的年份。背面主图案为一花环，周圈为说明文字，花环

上方铸法文"INDO-CHINE·FRANCAISE"（法兰西印度支那），银币花环中间的横向文字为银币的面额"PIASTRE DE COMMERCE"（皮阿斯特的贸易银），银币花环下方文字为"TITRE 0.900 POIDS 27 GR"（含银千分之九百，重27克），正下方中间位置的双火炬中的小字"A"可视为版别。

公元1879年，法国东方汇理银行开始发行50分、20分和10分等面额的银币（"仙"Cent，也译作"分"）。为了与墨西哥银币及美国贸易银币竞争，法国于公元1885年开始在巴黎造币厂铸造一元银币（一皮阿斯特相当于墨西哥贸易银币一元，合一百仙）于1928年停铸，共计43年。坐洋重量、成色（27.215克，90%成色）都优于鹰洋，很快走红。因其纯重高于鹰洋，故多被藏匿或熔化，流通不广。

安南银元发行长达59年，由于原料银供应不足或市场需求量变化，每种面额银币都有一些年份没有开铸。一元坐洋于公元1885—1890年、公元1893—1910年、公元1921年、公元1922年、公元1924—1928年铸造，按照年份、重量、记号的不同，分为约38个版式。50分坐洋于公元1936年停铸，铸造于公元1879年、公元1884年、公元1885年、公元1889年、公元1894—1896年、公元1900年、公元1936年共9个年份。20分与10分坐洋停铸于1937年。20分未开铸于公元1886年、公元1888年、公元1890年、公元1891年、公元1904—1907年、公元1910年、公元1915年、公元1917—1919年、公元1926年、公元1931—1936年共发行35种，10分币未开铸于公元1886年、公元1887年、公元1890年、公元1891年、公元1904—1907年、公元1915年、公元1918年、公元1926年、公元1931—1936年共发行39种。

坐洋主币在公元1885—1895年的铸币均重27.125克，故称加重版；公元1895—1928年的铸币均重27克，称为普通版。公元1895年既有加重版，又有普通版。除了公元1921年、公元1922年有"H"字版和无字版，其他年份的一元坐洋都是"A"版。法国货币单位是"法朗"，而法属印度支那地区发行的货币单位不用"法朗"，而用"皮阿斯特",可能是为了表示印度支那是其海外殖民地,以区别本土货币和殖民地区的货币。

中国在1933年实行"废两改元",法币船洋逐渐一统国内货币市场。《银本位币铸造条例》明定其铸造权专属中央造币厂,旧有各厂局一律停废。目的是利用"劣币驱逐良币"的经济法则,将旧银元回炉改制,减小推行新币的阻力。坐洋也销声匿迹了。第二次世界大战结束后,法国在印度支那的殖民宣告结束,再没有发行过银质货币。纵观坐洋发行史,以公元1903—1923年最为疯狂,年铸几百万枚至上千万枚,其在滇桂流通最为广泛。

第四篇

舟山海洋文化与钱币出土（水）发现

第一章　从舟山群岛出产的海贝谈"贝币"

舟山群岛散布于长江口外的东海，出产的各类海水产品中，包括贝壳类。按舟山地方传统习俗，小孩出生之后，家里长辈会送给小孩一种晶莹而有纹路的小型贝壳，让其佩戴在手腕上，称这种贝壳名"海宝贝"。除了突出海贝晶莹美丽的装饰作用，也寄托了长辈对婴儿（宝贝）的疼爱之情。宁波、绍兴一带，也保留这种佩带"海宝贝"的相似习俗。

远古时代，华夏民族居于中原。历史文献将山东、江苏东面海域多称为"东海"，浙江海域则称之"南海"，舟山群岛中的普陀山就顺理成章地被冠称为"南海普陀山"。舟山群岛远离中原，但在夏、商、周时代已有人类居住。史料中称舟山群岛居民为"外越人"，又称"东鳀人"。东汉《越绝书》记载：（越人）"水行而山处，以船为车，以楫为马，往若飘风，去则难从。"①这是形容古越海洋民族的生活习性。越人，在古汉语里就是"涉水"的代名词。新中国成立后，文物考古工作者在舟山群岛发现了近十处新石器时代人类遗址，证明新石器时期就有许多原始先民在这块土地上生活、栖息、繁衍。近些年的研究成果表明，日本的水稻栽培技术是从舟山传入，日本专家也称，日本弥生时期的稻作文化和（舟山）马岙关系密切，是从中国经这里传入日本的。

---

① （汉）袁康，吴平.越绝书［M］.北京：中华书局，2020.

一、汉字"贝"中隐藏着中国文化的内涵

时至今日，我们仍称贵重的东西为"宝贝"，"宝"和"贝"二字足以证明"贝"的地位。粗略统计，汉字中，凡是和金钱财富、经贸、礼品相关的有100多个汉字，都以"贝"（繁体为貝）做部首。如"富贵贫贱""财宝（寶、賨）""资货""贪赃""贿赂""借贷""赖账""买（買）卖（賣）""赚赔""贩购""赊贸""赏赐""贡赋""贺赠""赘费""贻赞""贞贤""赌贼""贮赏""赈赒""负责""赡赙""贰贯""赎债""贬败""赅""赝"……，说明在汉字最初形成时，人们在观念上已把"贝"与钱财联系在一起了。语言中，如贝币、宝贝，贝阙珠宫等词，都凸显了"贝"的价值地位。汉字"责"在古汉语中常同"债"，是形声字，下面是贝，作动词时，意思是索要财物，后来引申为要求的意思。生命的"贵与贱"、事业的"赢与败"、利益的"赚与赔"、荣誉的"赞与贬"，"贝"字都参与构建；同时，它还藏身于"财富""责任""原则"，构成生命之重，抒发情感，赋予精神的梦想与希望。

二、舟山群岛海域曾是适合生长货贝、齿贝的暖海区

当作货币的贝主要是环纹货贝、齿贝等，这类动物生活在海洋温度比较高，水质比较纯净的海水里。历史上出产于舟山群岛的名石——琅玕石，其与齿贝生存的海水温度、水质等环境相似。宋代杜绾所撰的《云林石谱》记载：

> 明州昌国县（今舟山群岛）沿海近浅岸，水底生琅玕石，状似珊瑚，或高三二尺，尤繁茂，必击筏悬绳方得之。初出水，色甚白，经久微紫黑，纹理如姜枝，一律遍多圆圈迹，扣之有声，稍燥。土人不甚贵，西北远方往往以装治假山。[1]

---

① （宋）杜绾.云林石谱［M］.北京：中华书局，2012.

福建同安（福建厦门）人苏颂熟悉海物，其所撰《图经本草》云：

今秘书中有异鱼图，载琅玕青色，生海中，初出水红色，久而青黑，枝柯似珊瑚，而上有孔窍如虫蛀，击之有金石声，乃与珊瑚相类。[①]

明李时珍《本草纲目》："珠树即琅玕，在山为琅玕，在水为珊瑚。"[②]明末清初广东屈大均《广东新语》中将"琅玕石"与"珊瑚"并提，"外有琅玕石，生海底，柯似珊瑚。色白者曰白珊瑚，青者青珊瑚。"[③]根据地质、气候科学考证，在距今5 000年前，我国的气候处于比较温暖的时期，当时舟山群岛海域海水温暖，水质清澈，适合珊瑚生长，同时也是适合贝类动物生长的海域。近5 000年来，我国气候经历了一个由暖到冷，再由冷到暖的过程。具体而言，公元11世纪之前，总体上属于温暖时期，平均气温高于现在1℃，此后，气候转入寒冷期，平均温度低于现在1℃。由于长江流域的水流自唐代以后才因人为开垦而出现水土流失，明代以后，水土流失不断加剧，舟山群岛海域近大陆架的海流变得越来越混浊，再也不适合珊瑚和货贝的生长和繁殖。

三、齿贝被选作货币的理由

美丽的外表受人钟爱。贝是介壳软体动物的总称，贝壳形状各异，有圆形、多边形角，花纹美丽光泽，色彩丰富，有着五彩珍珠色，瓷质般透明，外形十分诱人，具有观赏价值，大贝壳还可以作为吹奏乐器。美轮美奂的贝类是海洋中的精灵，是大自然精心设计和雕琢的结晶，也是受人喜爱的装饰品。

① （宋）苏颂.图经本草［M］.福州：福建科学技术出版社，1998.

② （明）李时珍.本草纲目［M］.北京：人民卫生出版社，1995.

③ （清）屈大均.广东新语［M］.北京：中华书局，1997.

稀少而成为财富和身份的象征。最
初充当货币的贝不是蚌壳，而是一种齿贝
（见图4-1-1）。齿贝生长在岩礁间，采
集不易，因此珍贵。人们把贝串起来，挂
在脖子上、肚子上、手腕上，最初作为装
饰，代表财富与身份，和玉（宝石）一样
被人们喜爱和收藏，在距今约有7 000年的
河南仰韶村墓葬出土了贝饰，之后逐渐被

图4-1-1　齿贝

用作交换媒介，演变成货币。《说文解字》中讲道，把贝串成"朋"
表示颈饰，类似于今天的项链。在"賏"下加"女"，成"嬰"。嬰
的本义，是指女子脖子上的项链，金文字形是一个人脖子上戴着一串
长长的项链，婴儿是刚来世界宝贵的小生命，多叫"宝宝"，以表达
生命的珍贵。

寓意子孙繁衍和轮转新生。齿贝以白色居多，贝口细长，一面
有槽且多对齿，背隆起，在文化中象征繁殖和生命轮转，这种崇拜
渊源于母系氏族社会。贝的甲骨文"𝖇"，就是一只齿贝的象形。金
文与甲骨文一脉相承，但将甲骨文字形的上部连写，到了小篆，形变
更大，不过还是保留了贝壳上的两道花纹。在《旧唐书·天竺国传》
也讲道：（印度）"以齿贝为货"。先秦文献记载，在丧礼时，棺内
和死者口中都要放玉、贝等物。放玉是希望尸体保持不腐，让灵魂返
回；放贝则含有宗教意味，也就是生命的轮转和新生。楚国贵族随葬
骨贝的做法，应是仿效中原习俗，希望子孙昌盛。

齿贝坚固耐磨，便于携带、易于计数。当我国进入渔猎、采集、
农耕劳作的原始社会阶段，先人发现齿贝除了美丽的装饰，具有在交
易中流通广，使用方便，便于计数和携带的优点，齿贝成为货币的自
然选择。先秦《诗经·小雅·菁菁者莪》中有"既见君子，锡我百

朋"①之句，"锡"同"赐"，即赐给、赐予的意思；"朋"是贝壳成串的计量单位。甲骨文字的"朋"，就是用线或绳把贝串在一起。至于"一朋"有多少枚贝说法不一，有学者认为"五贝一朋"，也有"十贝一朋"，也有人认为一朋是大海贝5个或小海贝10个。"朋"后来逐渐演化成贝的计量单位，再后意指社会关系中的朋友，聚集在一起的人。

交易和市场形成是齿贝成为货币的基础。"市"是古代进行交换和贸易的场所。《世本》有：祝融作市。②《尸子》也说：尧时宫中三市，而尧鹑居栎米菜粥。③这些记载都说明我国在夏、商、周以前就有了"市"。记载更早的，如《墨子·尚贤》中说，舜曾亲自经商，死后葬于"南己之市"④。

在文字产生之前的"市"很难确定。根据考古资料表明，尧舜禹时代，存在初步的交换。从商朝至周朝中晚期，由于人口增多，农业进步，手工业发达，商品经济的发展，交易范围不断扩大。战国时期著名思想家、文学家、政论家荀子在《王制篇》中说："北海则有走马吠犬焉，然而中国得而畜使之。南海则有羽翮、齿革、曾青、丹干焉，然而中国得而财之。东海则有紫紶、鱼盐焉，然而中国得而衣食之。西海则有皮革、文旄焉，然而中国得而用之。故泽人足乎木，山人足乎鱼，农夫不斲削、不陶冶而足械用，工贾不耕田而足菽粟。"⑤这说明很早就有交易的存在。

齿贝成为货币是交易发展到一定水平的产物。齿贝在不同时代和不同地方可能会有不同的用途，经济发达地区可能早些脱离纯粹作

① 孔丘.诗经［M］.北京：中华书局，2015.

② （汉）宋衷.世本［M］.北京：中华书局，2008.

③ （战国）尸佼.尸子［M］.上海：华东师范大学出版社，2009.

④ （战国）墨翟.墨子［M］.北京：中华书局，2011.

⑤ （战国）荀况.荀子［M］.北京：中华书局，2011.

为装饰，而成为货币。夏朝以前，我们的祖先已经开始进行简单的交易，"市"的存在仅仅为货币的产生提供了条件。有交易，市集不等于就有了货币。随着夏朝生产力的发展，部族之间出现以物易物，中原地区部落与沿海部落交易换来贝，运用于人们的生产生活。由于珍贵，人们把多余的贝打磨穿孔串起来换物，获得认可，应用范围也由此从单一饰品向多用途转变。贝在物物交换中具备了充当媒介的可能性，逐渐形成了原始货币的雏形。考古发现，夏代二里头核心遗址墓葬中已有海贝。三星堆二号坑里也发现不少海贝。在商代历史遗址里发现的贝，如郑州白家庄的商代早期墓葬发掘460多枚海贝。在河南安阳殷王武丁配偶妇好墓葬发掘7 000枚海贝。妇好墓葬除有仪仗、工具、用品、饰件、杂器等755件随葬品外，出土的大量海贝中大型海贝品种有虎斑宝贝、黍斑眼球贝、蛇首眼球贝；小型海贝品种有货贝、拟枣贝等，但以货贝最为常见。天然齿贝被公认为中国最早的货币，在钱币学术界被称为货贝。为携带方便，货贝的背部多凿有小孔，早期孔相对小，称之为小孔式货贝，以后穿孔逐渐扩大，称为大孔式货贝。春秋战国时期的货贝背部几乎磨平，称为磨背式货贝。贝作为货币盛行于商、周时期。

《尚书·盘庚中》记载：兹予有乱政，同位具乃贝玉。[1]《史记·平准书》有："农工商交易之路通，而龟贝金钱刀布之币兴焉"[2]的记录。西汉桓宽《盐铁论·错币》则记载道："教与俗改，币与世易。夏后以玄贝……后世或金钱刀布。"[3]商代中期以前，贝币价值很高，臣下若能获得商王用贝的赏赐是极大的荣耀。商代甲骨卜辞中有关贝币记录甚多，曾有"取贝六百"的记载。[4]西周青铜器物保留下

① （汉）伏生.尚书［M］.北京：中华书局，2011.

② （汉）司马迁.史记［M］.北京：中华书局，2005.

③ （汉）桓宽.盐铁论校注［M］.北京：中华书局，1992.

④ 单育辰.说甲骨文中的"贝"［J］.汉字汉语研究，2019（3）.

来的金文中，周王或贵族以贝赐予臣属的记载很多。《卫盉》铭文有："王爯旅于丰。矩伯庶人取堇章（璋）于裘卫，才八十朋，厥（厥）貯，其舍田十田；矩或（又）取赤虎两、麀两、䩮一，才廿朋，其舍田三田。"①上述铭文足以印证当时的贝已经成为交换媒介的特殊商品。

四、天然贝币不足，仿制贝币顺势而生

仿制贝也可能不是货币，但频繁的商品交易下，作为货币的流通区域必然会增加对齿贝的需求量，于是出现对齿贝供不应求的局面。天然齿贝在不能满足社会生产生活需要的情况下，人们只好利用其他海贝甚至淡水贝来代替，后来干脆利用玉、骨、蚌、陶、铜，仿制齿贝来代替。制作成各式各样的玉贝、骨贝、蚌贝、陶贝、铜贝，与真贝同等充当商品交易。

1959年，在河南省偃师县二里头文化遗址，经新中国三代考古学者历时60余年40多次发掘，证实该地有目前中国最早的宫殿建筑群、最早的青铜礼器群及青铜冶铸作坊，作为可确认的我国最早的王国都城遗址，公元前19世纪至公元前16世纪中国最大的聚落区，是夏代或稍早于夏代的历史遗存。在这一遗址内出土发现了各种天然贝，绿松石串珠和用骨头、石头经过加工仿制的贝。这类仿贝币形体通常较小，其长度约1.2厘米至2.4厘米。在对河南陕县七里铺、郑州上街等夏代历史遗存的考古发掘中也发现了仿贝，在楚地发现的属于战国时期的包山2号墓、望山1号墓中出土了一批骨贝，是完全仿照齿贝制作的。

不管是骨贝、石贝还是铜贝，这类人工仿制的贝始终没有脱离原始齿贝的造型。铜贝是我国最早的金属铸币，也是迄今为止所见世界上最早的金属货币。河南安阳和山西保德还先后出土了距

---

① 吴镇烽.商周青铜器铭文暨图像集成［M］.上海：上海古籍出版社，2012.

今3 000年前的商代空心无文铜贝。在河南辉县东周大墓葬出土了1 000余枚的包金贝，是金属质地包金币之鼻祖。到了春秋战国时期，赵、魏、韩、齐、鲁仍铸铜质空心无文铜贝。特别是鲁国，所铸铜贝为本国主要流通货币。后来南方楚国开始铸造有文铜贝来作为本国的主要货币。楚国的有文铜贝中有的沿用了仿制贝的形态，为椭圆形，正面突起，背面平整，形状像贝，实心且体积小，有"紊""咒""安""君""忻""金""行"等阴文。"紊"字贝，钱体上尖下圆，字形就如同一只蚂蚁爬在鼻子上，故称之为"蚁鼻钱"。"咒"字贝，钱体与蚁鼻钱相同，字形仿佛是一个鬼脸，所以被后人称之为"鬼脸钱"，后来有文字的铜贝统统被称为蚁鼻钱（见图4-1-2）。还有文银贝，连同河北灵寿县出土的先秦中山王墓中的无文金贝、银贝，开创了我国金铸币、银铸币之先河。铜贝的大量出现适应了社会生产力的发展，作为货币的铜贝具有更适于流通的耐久性和价值稳定性。

图4-1-2　蚁鼻钱

　　自然贝币经历了漫长的使用演化过程，后来出现仿制币，最后向金属货币铜币过渡。秦始皇统一六国后，统一币制，废贝、刀、布等币。东汉许慎的《说文解字》中记载：贝，海介虫也。居陆名猋，在水名蜬。象形。古者货贝而宝龟，周而有泉，至秦废贝行钱。[①]秦代统一币制后，全面通行铜钱，西汉末的新朝，王莽复辟，曾一度又恢复使用过贝币。

　　① （汉）许慎.说文解字［M］.北京：中华书局，1979.

五、西南少数民族地区长时间流通"贝"币

在云南一带，贝一直流通使用，直到清初。《新唐书·南蛮上·南诏上》称：以缯帛及贝市易。贝者大若指，十六枚为一览。① 南诏初期，"本土不用钱"。以海贝充当货币，称为"巴子"。南诏后期，贝币已普遍流通。20世纪70年代末，维修崇圣寺三塔时，在塔内发现了贝币。其中，较大的贝长约2.4厘米、高约1.2厘米，稍小的长约2厘米、高约1厘米，最小的长约1.7厘米、高约0.9厘米。这些贝均面部紫色，背部微隆，尾部有明显的结节。1980年，在曲靖市珠街乡八塔村的古墓中发掘出一批唐代晚期至明初的贝币。五代时期李珣（德润）的《海药本草》："贝子，云南极多，用为钱货交易。"② 元初，赛典赤入滇，"云南民以贝代钱。是时初行钞法，民不便之，赛典赤为闻于朝，许仍其俗"③。

在明人杨慎的笔记中有"滇云僻在万里，其士夫皆江南播移、楚蜀流寓。其地高燥，无梅雨之润，绝蟫蠹之缺，故藏书亦可久焉。慎执戟其地垂三十载，壬辰之春，于叶榆书肆以海贝二百索，购得《群公四六古刻》，乃宋人所集，不知名氏。"④

云南怒江峡谷少数地区甚至到17世纪以后的清代民国时期还在使用贝币，贝币与食盐、铜钱、银两、英国的卢比等同为商品交易中的一般等价物，且贝币最为流通。有资料记载，怒江峡谷地区清代民国时期，50枚贝币可换一头猪，80枚换一头牛，10枚换一升粮食，只有二分人民币硬币大的一枚可换一碗凉粉或一碗白酒。过去由于云南各氏族之间经常发生械斗，加之外来民族的侵犯，当地的傈僳族家庭常

---

① （宋）欧阳修.新唐书［M］.北京：中华书局，1999.

② （五代）李珣.海药本草［M］.北京：人民卫生出版社，1997.

③ （明）宋濂等.元史［M］.北京：中华书局，1976.

④ （明）杨慎.升庵集［M］.上海：上海古籍出版社，1993.

遭抢劫。为保护贝币不受损失，傈僳族山民将山上采来红色和白色野果子制成串儿，做成一顶帽子，再把贝缀上，或是把贝缀在牛皮上，做成一根腰带，这样贝币随时随地和主人在一起，又为帽子或腰带增加了华丽的色彩。如今贝币作装饰的做法仍保留下来，贝也成为傈僳族男女的特有装饰品和尊严的重要标志。

第二章　舟山海洋舟船民俗中的钱币文化

一、舟山名称的由来

舟山群岛、舟山市之地名来源于群岛中最大的一座岛——舟山本岛。舟山本岛为全国第四大岛，明代之前名"翁山"。"翁山，一名翁洲，州东三十里，徐偃王所居也，今城址犹存"，①翁山是本岛中部的一座小山，传说西周时期徐国第32代国君徐偃王曾屯兵，三国时方士葛玄（葛仙翁）在此炼丹。东晋时期，葛玄侄孙葛洪（字稚川，自号"抱朴子"，世称"小仙翁"）来山，在其著作《抱朴子》中留下："论古仙之药，以登名山为上，而以海中大岛屿，若会稽之东，翁洲之类者次之"②的记载。唐开元二十六年，舟山群岛首次设县，名"翁山县"。

"舟山"之名宋代地方志中就已出现，在元代地方志中记载："舟山，在州之南，有山翼如枕海之湄，以舟之所聚，故名舟山。"③其所指为城南门外一座泊舟系缆的小山（今定海东海东路与人民南路相交之东南方向，新中国成立后平整），是与明州（今宁波）往来航船和渔船靠泊之处，以舟聚、系舟名"舟山"。北宋元符间山上建"东岳行祠"，宣和二年明州知州楼异请朝廷赐额为"道隆观"，因而俗称"观山"。明嘉靖年间，浙直总督胡宗宪曾在此接受海盗汪直受降，

① （元）马泽修，袁桷.延祐四明志［M］.宁波：宁波出版社，2011.

② （东晋）葛洪.抱朴子［M］.上海：上海古籍出版社，1990.

③ （元）冯福京.大德昌国州图志［M］.宁波：宁波出版社，2011.

建"受降亭"。康熙年间，舟山镇总兵黄大来去世后，清廷加封为"太保"。乾隆年间，民众在城南道隆山麓建太保庙纪念，民间又称"伏虎太保庙"，因处城南门外，又叫"外太保庙"。另外，舟山之名来源于本岛外形似一只船，在船的相应部位起有舵岙、碇次等相关的地名。

二、舟山的舟船文化

人类在陆地上跑不过四蹄生风，穿林越岭之兽，在水里游不过扬鳍掉尾，喷浪飞涎之鱼；在天空中更不能与展翅万里，翱翔入云之大鹏、海青争锋，然而人类却能制造工具——舟、车和飞机，而舟的历史最早。古书《世本》说："古者观落叶，因以为舟。"[①] "燧人氏以匏济水，伏羲氏始乘桴。"[②] 根据史书记载，舟船的发明者伏羲"刳木为舟""变乘桴以造舟楫"。《物源》记载："夏禹作舫，加以篷、碇、帆、樯""禹效鲎制帆"，[③] 舟船的制作到此规模初具。

舟山岛民的生活与舟船关系紧密，舟船也是民众日常生活中的一部分。远古年代，地处钱塘江畔的浙江是中华舟船文明发祥地。据考古发现，新石器时代的浙江余姚河姆渡、萧山跨湖桥曾出土了新石器时代人类早期的航海工具，几把划舟用的木桨和一条较完整的独木舟，还有制造舟船的工具石锛、石斧等器物，说明原始先民早就掌握了造舟和驾舟的技术。人类史前社会，原始先民已经操桨驾舟随波逐浪进入大海，开始走上探索海洋的艰苦航程。大陆先民沿着一个岛一个岛地迁到越来越远离大陆的海岛，留下了现今白泉十字路、衢山孙家山、马岙土墩、岱山北畚斗、嵊泗黄家台等新石器时代的文化遗址。

---

① （汉）宋衷. 世本［M］. 北京：中华书局，2008.

② （汉）刘安. 淮南子［M］. 北京：中华书局，2011.

③ （明）罗欣. 物原［M］. 北京：商务印书馆，1937.

随着航程的增加和装载物品的需求，促使先民改进原始的独木舟，制造出续航能力更强、装载容积更大的风帆板船，当先民们掌握榫卯对接、企口板密合等木构工艺之后，这就意味着为实现海上航行的独木舟开始向木构板船进化提供了技术保障。经过数千年的演变与不断改进，最终创造出由尾舵、纵帆和水密隔舱等船舶构件组成，具有古代人类先进造船技术的中华风帆板船。先民们不断提高航海技艺，指南针的发明并在航海上的应用，极大地推进了中华先民走向海洋的坚强信心，海上的航线向更远的方向延伸。

舟山帆船最出名的船型叫"绿眉毛"，属浙江"鸟船"系，为中国古代四大名船之一，完好保持着浙江先民远古时代对鸟文化崇拜的传统。"绿眉毛"帆船始于宋朝，船圆平底，有别于尖底广东船（广船）、尖圆底福建船（福船）和平底北方沙船。"绿眉毛"船头是一个鸟嘴状的倒八字，与船头眼睛上一道绿色眉毛相配，整条船就像一只水鸟造型，"绿眉毛"称呼就由此而得。"绿眉毛"帆船装有三道升降自如的硕大篷帆，海上航行时，篷帆能以桅杆为轴心升展，高大的帆面迎着八面来风，船工则在舵旁调整风帆进风角度，利用劲吹的天然风动力前进。

舟山帆船不仅航海于中国沿海，还往来于日本、朝鲜半岛，以及海外更远的地方。日本和朝鲜半岛的船只也往来于舟山等浙东沿海，舟山留下了不少外来词语，比如称"蚕豆"叫"倭豆"、镰刀叫"倭刀"……相互之间的贸易往来，留下了航海针路图，以及出使、商贸往来的历史文献资料，丰富了中华先民的舟船文明和航海史。传统帆船是人类社会当之无愧的宝贵文化遗产，舟山传统帆船经历了大海风浪搏击的考验，体现了舟山人民敬畏自然，驾驭自然，热爱海洋，经略海洋的博大情怀。随着机器动力船舶的出现，传统帆船被取代，历史悠久的舟山帆船逐渐淡出，在20世纪70年代末消失殆尽，今天中国万里海疆再也看不到那真正的传统帆船片片帆影的壮观景象。

三、渔船上的钱币习俗

舟山"绿眉毛"帆船的船头两边都有一双明亮的大眼睛，其形状似扁平半球形，眼珠稍凸，古时新船竣工前，造船师傅用上好的木头精制一对眼睛，钉在船头的两侧，这道工序叫作"定彩"。考究一点儿的还要在眼内壁各嵌一枚银角子和银元，并用银钉打牢，然后再髹漆描绘。船眼珠的视线一律朝下，以免船只在航海时迷失方向，在捕鱼时又能看见鱼群而获得丰收。舟山渔区的"定彩"仪式很隆重，要请阴阳先生择定一个吉时良辰，并按金、木、水、火、土五行，用五色丝线扎在作船眼珠的银钉上，由船主将它嵌钉在船头，然后用崭新的红布条或红纸蒙住，俗呼"封眼"。当新船下海入水时，船主再亲自把封眼的红布或红纸揭掉，这叫"启眼"。

传说从前舟山有个捕鱼人，名叫周一郎，他有个女儿叫海囡。父女俩相依为命，过着贫困的日子。有一天，周一郎在龙潭洋捕到一条鱼，眼里流出了眼泪。周一郎开玩笑，将鱼的眼泪涂在女儿的眼睛上，从此海囡的眼睛换成了一副透视眼，能一眼看透海里的一切，哪里有鱼，哪里有礁，看得一清二楚。在海囡的指点下，周一郎和渔民们网无虚撒，汛汛满载，捕鱼渔民过上了好日子。渔霸因此嫉妒渔民，仗势抓走海囡，诬陷她是海妖，逼她说出捕鱼的秘密。海囡被关进土牢，她趁父亲探监时，挖出自己的眼睛，叫父亲带回去装在渔船船头，这样船便能顺利航行，获得丰收，从此以后，舟山的渔船都长了眼睛。

船上一般都供"船关老爷"保护神和给船装"灵魂"（舟山人俗称"活灵"）的习俗。"活灵"被安装在船里的水舱，因此又称"水活灵"。根据古老的渔业风俗，在新船的骨架搭成后，在一块小木头上挖个小孔，里面放进铜板、铜钱或银元等物，放进水舱的梁头，表示这是船的"活灵"，民间都相信铜、银等金属钱币有镇邪驱灾的功效。

四、海岛风俗用钱

除了历史上捕捞乌贼作业渔网碰子使用大量铜钱，渔船眼睛和水舱船活灵用钱币，舟山百姓将铜钱作为一种吉祥物、避邪物，还有许多铜钱用在日常生活中。在舟山地区，尚能见铜钱被用到佩饰、婚丧、上梁、游戏、占卦等活动中。还有不少老人常常把铜钱作为一种佩饰，佩戴在小孩身上，以示避邪吉祥之意。如将铜钱钻若干小孔或利用钱币的边郭刻花，将它穿挂或系缚在小孩的帽子上，也有方便一点的制作一只小黄袋，里面先放入一枚"寿坟铜钱"（在之前寿域完工时放入，亡人入土安葬时取出，寿域内一般要放置两串铜钱，每串24枚，后人多以乾隆铜钱为主，寓意家里能兴隆发达），再用红线将小黄袋穿起来，贴身挂在胸前。考究一点儿的带枚"正德通宝"（见图4-1-3）或"康熙二十局"等辟邪的花钱。佩戴"康熙二十局"花钱，能走遍天下路路通；佩戴"正德通宝"花钱（背面有双龙戏珠、有单龙戏珠和龙凤纹）传说可镇风涛、得平安之意。舟山老百姓传说"家有正德钱，吃穿不用愁"。

图4-2-1　正德通宝背龙凤花钱

还有人在建房上梁时在梁上置以铜钱，放置银元，称为上梁钱。上梁铜钱选用顺治、太平、隆庆等祈福词语钱币为主。梁上放置铜钱可能与五行相生相克之"金能生水""水能克火"，防止火灾有关。铜钱、铜板在舟山孩童中，常作游戏玩耍之用，打铜钿、踢毽子，老人们有把铜钱穿成刀剑、老虎等形状，作孩童玩耍或辟邪之用。此外铜钱还被用于卜课、占卦、渡关，成为舟山百姓的风俗。

第三章　出土钱币在考古学研究中的断代作用——谈舟山群岛的几次钱币出土

货币是一种特殊商品，是人们生活的交换媒介。钱币在日常生活中流通量大，因此是考古中的常见之物，在考古学研究中发挥着十分重要的作用。出土钱币研究对考古学界、钱币学界的作用主要体现在三个方面：一是断代作用，二是可以推断当时社会货币流通情况，三是通过出土钱币的不同品种，研究经济文化交流，尤其是国际间的交流。①反过来，通过其他考古学资料的断代，又可以为有记载无明确样式特征的钱币进行印证和确认。

一、出土钱币的断代原理

人类活动的遗迹遗存又称文化层，同一地层，在时间、空间范围及具体的面貌和堆积情况等方面会有区别，但基本原理相同。如果没有经人为扰动，早期形成的地层在下面，晚期形成的地层在上面，按时间早晚，自下而上层层堆积叠压，构成从早到晚人类在这个地点活动的系列记录。

如果两个地层之间，也就文化层之间相互打破。被打破的地层或遗迹单位必然比打破它的地层或遗迹单位年代要早，绝不会出现早的打破晚的。绝大多数情况下，自然或人工的原因，地层并不是水平的，而是要清理干净晚期的堆积之后，才能进入再下面的地层和遗

---

① 蒋晓春. 出土钱币在考古学研究中的作用［J］.西华师范大学学报（哲学社会科学版），2009（4）.

址。就钱币出土考古，晚期（地层、遗迹、墓葬等）单位可出土早期钱币，也是常见的。

出土钱币应注意钱币流通的时间下限。某种特定明确的钱币，其发行时间就是流通时间的上限，但下限断代难以确定。新币流通之后，原来发行的钱币并没有立即退出历史舞台，而是共同流通，有时流通时间还更长，这在"五铢""开元通宝"等长寿钱身上体现特别明显。要结合历史文献资料，对各种钱币的实际流通时间（发行到退出）进行研究。仅依靠钱币进行断代，有可能会造成断代失误，因此须坚持两个原则：一是在出土不同时代钱币的情况下，应以出土钱币中时代最晚的钱币材料作为断代标准；二是钱币材料要与其他材料，如地层关系、墓葬形制、器物、碑志、铭文等结合分析。钱币材料仅是断代的一个手段，不是唯一的手段，既要重视出土钱币在考古断代中的作用又不能过分夸大。

二、出土钱币构成信息可能是重要的考古资料

货币流通有地域特点，一般情况下，蜀国铸钱多流通于蜀国或周边，吴越国铸造的"开元通宝"在浙江出土的多，宋代某钱监（铸币机构）所在地，流通该钱监铸行的钱币就会多一点儿。南宋定都杭州，南宋铜钱在南方，尤其是浙江留存的多，南宋窖藏的铜钱出土也多。出土钱币的品种、面值、比例也反映当时的钱币流通状况；考察同一批出土钱币的上限、各时代品种钱币数量占比、地域特征等因素，之后才可作出综合的分析判断。2006年4月3日，舟山市普陀区朱家尖出土了一批南朝钱币，这批南朝钱币的品种构成可反映钱币流通的来源、埋入时期地域的流通状况。

在历史上，中国多数时间为世界强国，与外国经济文化交流从未中断。钱币作为支付、贮藏手段，在对外贸易中不可或缺，因此中国出土了不少外国钱币，如波斯萨珊朝银币，阿拉伯金币及日本、安南、朝鲜半岛钱币，如首次发现于2008年的宁波象山"小白礁Ⅰ

号"清代沉船中，有来自日本、安南的年号钱币，西班牙银币。在国外也出土不少我国古钱币，如韩国木浦水下考古的元代"新安沉船"，发现大量的唐宋古钱，这些都是中外经济文化交流的有力见证。出土的外国钱币是研究中外经济文化交流的重要文物，早期日本仿铸南唐的"唐国通宝""元丰通宝""洪武通宝""永乐通宝"，安南曾仿铸"开元通宝""元祐通宝""天禧通宝""至道元宝""元符通宝"，朝鲜半岛仿铸"乾元重宝"。这些出土的外国钱币有助于研究古代中外经济文化交流。这方面的研究很早就开始了，成果也比较丰硕。

三、舟山群岛未正规发掘和科学研究的钱币出土

舟山地方资料中记载的汉代钱币出土主要在新中国成立初期，当时新中国大力发展水利建设，为解决海岛饮用淡水和水利灌溉，各岛屿纷纷修建水库蓄水。关于汉代钱币的出土，《舟山市金融志》有两条消息：

1958年2月，在定海义桥大队城北水库工地，曾经从一座古墓中发掘出数枚锈蚀结成块的汉代半两和五铢钱，由于当时对这类钱币实物重视不够，致使出土实物不知下落；而在该水库工地的另一处距离地表0.85米深处，还曾出土过2面汉代铜镜和一批五铢钱，以及部分"开元通宝"钱。[①]

1918年8月25日，《申报》有一则舟山古钱出土的报道：

定海桃花山，为东南海岛之一，近发现古彝一具，系上年冬间，胡君崧生起掘山土，至深处，有物铮铮然作声，命工起出谛视，知为古酒器……[②]

据桃花岛本地人所说，出土地点在该岛的茅山村，系为当地墓

---

① 董秉权.舟山市金融志［M］.上海：上海社会科学院出版社，1996.

② 佚名.发现古彝［N］.申报，1918-08-25.

葬，除发现商周青铜器外，还有汉"五铢"钱2枚，唐"开元通宝"钱2枚，然而缺少实物和考古依据。

"五铢钱"和"开元通宝"因流通时间长，被称为中国历史上的长寿钱。随着考古研究的逐步深入，各个时期和地域铸造的"五铢"和"开元通宝"钱币已基本能分清年代版式等归属。"开元通宝"始铸于唐武德四年，不同版别品种达数十种（细分版别上百种），因此，要分清和统计出土唐代的"开元通宝"是属于唐代早、中、后哪一时期，是中央还是地方所铸。会昌年间各州郡所铸的"会昌开元"背面多有铸造地的文字标志，在五代十国时期闽、楚、南汉、南唐、后蜀、吴越等地方割据政权也铸造过不同版别的"开元通宝"，另外西域的安国布哈拉、康国撒马尔罕等处也铸过"开元通宝"，安南等附属国也铸过不同版别的"开元通宝"。唐朝以后埋入的钱币中，有时或多或少夹有"开元通宝"。出土唐代钱币不一定是唐代时窖藏的，要通过出土钱币的品种、版式进行研究，对出土（沉水）钱币埋藏下限进行断代，再研究钱币埋藏或沉入的原因。

科学的出土报告必须分清版式、重量、直径、穿径、郭宽、厚度，"五铢""开元通宝"这类钱币要有版式分类，否则缺乏正规的考古发掘和版式研究，断代就会不准确。回顾《舟山市金融志》中记载的城北水库第一个出土墓葬只有汉代五铢和半两出土，但没有半两、五铢的版别分析和钱币实物资料和影像记录保存，仅依靠出土钱币进行断代就有可能会造成断代失误。第二座墓葬虽然出土2面汉代铜镜，同时出土了一批"五铢钱"和部分"开元通宝"，在没有其他出土文物可以佐证墓葬时间的情况下，又不能确定其上下地层是否遭到破坏。出土时叠层文化混乱，就会影响结论的准确性。

2001年9月，舟山市定海区岑港回峰寺施工时出土了一批文物，《舟山晚报》对之进行了报道。出土文物包括一尊石质头像残件，几枚锈蚀很严重的五铢钱，笔者首先考证石像残件为宋元时代雕刻的泗州大圣头像，由于出土地层明显已经破坏，根本无法确定五铢钱是否汉代入土。

　　舟山的历史钱币，有的出土于墓葬、有的出土于历史街市遗址，有的来自基建挖掘，也有清淤或采砂、沉船出水等不同情况。1978年8月，舟山群岛岑港外钓山海域沉船出水铁炮、九环龙小扛炮、铁铳、铁弹、锡弹、钱币和明青花瓷片及制作精美的生活用品等。[①]从海底清淤、采砂或沉船出水采集到的古钱则多与古代航道因航海遇风暴、战争沉船等因素有关，一些古时无人岛屿埋藏的钱币，则多数与航海遇险相关。寺庙佛像、佛塔、遗址出土的钱币多来源于本地居民，为日常生活流通使用钱币的供奉。

---

　　① 陈金生，吴顺珠. 亲历舟山改革开放40年 | 我与舟山海洋文化结缘四十余载 [N].
舟山晚报，2018-11-04.

第四章　从舟山群岛唐代窖藏钱币出土谈经济和外贸发展

一、舟山出土唐代钱币窖藏情况

舟山发现唐代窖藏钱币出土多处，现简要列举三处：

1.1982年5月，定海皋泄乡和平村青龙山后山沿，在离地表耕土层90厘米处，出土一坛唐代古钱币，重量约6.75千克。经文物工作者检点，内中除部分"乾元重宝"外，其余均为"开元通宝"钱。出土容器内装有石灰，钱币保存完好。钱币锈色以硬绿锈为主，间杂蓝锈，钱币铸造工整，文字规范，其钱文"元"字第二笔为左挑。选择部分标本测量：直径在2.5厘米左右，穿径0.7厘米，厚度0.13厘米，平均重量每枚4克。"乾元重宝"在安史之乱之后唐肃宗乾元元年开始铸造，此处窖藏因文字规范标准，窖藏钱币在肃宗之后，不会晚于唐末，极有可能与唐宝应元年，袁晁的农民起义军占领翁山县这一历史事件有关。

2.1983年6月28日，定海皋泄乡富强村村民在毛洋周汽车站附近的水稻田耕地，挖出一只高约40厘米的瓷罐，瓷罐底部铺有一层细沙子，罐内藏有10余千克约2 500余枚的唐代钱币，其中除了3枚"乾元通宝"，其余全部为"开元通宝"钱。这批出土的"开元通宝"钱有大小两种不同的规格，大者直径2.5厘米，穿径0.7厘米，厚度0.14厘米，重量3.78克；小者直径2.4厘米，穿径0.7厘米，厚度0.13厘米，重量3.46克。出土的"开元通宝"钱"元"字第二笔左挑，钱币制作不精，背廓和穿多有移位现象，从钱币的质量和品种来看，钱币的铸造时间下限应在唐代末期，甚至到五代都有可能。

3.1983年8月16日，定海白泉镇章家村村民在盖农舍时，于距离地表约60厘米处，挖掘出钱币一坛，重量28千克。该坛口封存完好，坛内全部为"开元通宝"钱，且少有流通痕迹。这批钱币通体绿锈，钱文清晰可见，品相完好无损。还有一枚乾元重宝，正说明窖藏的时间为唐朝安史之乱之前，"乾元重宝"钱重一钱六分（5克），径2.6~3.0厘米；乾元二年又铸重轮乾元重宝钱，直径3.6厘米左右，重16~20克，以一当"开元通宝"50枚，而"开元通宝"每枚约4克，按劣币驱逐良币的货币流通规律，才有窖藏之举。[①]

1985年6月17日，定海马岙乡五一村窑厂两村民在土墩取土时，在距离表土层1.2米处一墓葬出土一件唐代木制粉盒，内装金质发夹1件，及10余枚的"开元通宝"钱。

舟山群岛等地相继出土的钱币，由于没有规范的出土考古分析和研究报告，缺少明确有力的断代依据。"开元通宝"钱在唐之后的窖藏钱币中常见，舟山出土开元钱数量大，说明唐代及五代开元钱铸造流通量大，反映了唐王朝的繁荣和舟山群岛经济的发展。

二、唐代舟山群岛盐业、渔业的开发

开元盛世之期，大唐朝廷之所以在舟山群岛设置翁山县，是因为既有全国经济发展的大背景，更离不开舟山独特的资源和区位优势。唐玄宗开元二十六年，朝廷准江南东道采访使齐澣奏请，析鄮一县为鄮、奉化、慈溪、翁山四县，隶于新设立的明州（今宁波市）。翁山县下辖富都、安期、蓬莱三乡，这是舟山群岛历史上第一次设县，迎来了首任行政长官——翁山县令王叔通。

盐是每家每户每个人的必需品，翁山县地处海岛，环周都是海水，拥有发展盐业的区位之利。中国至少从西汉武帝开始对食盐实行

---

① 王一平.浙江舟山发现唐代窖藏钱币［J］.考古，1985（10）.

专卖政策，经营完全收归政府，垄断税源，故唐以来"天下之赋，盐利居半。"①盐民编称"亭户"，政府免盐民杂役，专司制盐。文献记载："（唐）有涟水、湖州、越州、杭州四场，嘉兴、海陵、盐城、新亭、临平、兰亭、永嘉、太昌、候官、富都十监，岁得钱百余万缗，以当百余州之赋。"②元代地方志载："唐有十监，富都居其一，今正监是也。"③当时的明州翁山县富都乡（今舟山市）富都监已成为唐代的十大盐场之一。北宋著名词人柳永曾任昌国（现舟山市）晓峰盐场的盐监，他在盐署衙壁题"留客住"词一首，又有流传至今反映盐民悲苦生活的"煮海歌"。南宋越王史浩最早在昌国任盐监，其后代子孙几代宰相，在普陀山留下多处遗迹、诗文和传说。

由于东海大陆架广阔，光照、养分充足；有长江带来了大量养分，又有台湾暖流和沿岸寒流在此交汇，使洋流搅动，养分上浮；舟山群岛周围岛屿众多，为鱼的生活和繁殖提供有利条件；所处纬度位置适中，是多种经济鱼类洄游的必经之路；还有上升补偿流带来深海养分等因素，形成著名的舟山渔场。舟山海洋渔业资源，原本极为丰富充裕，而且千百年来，舟山渔民以此为荣耀和自豪。洋山岛，源于岛上曾有很多羊，故名"羊山"，后写作"洋山"，是中国最古老的海洋渔汛发祥地，在唐之后的宋代，洋山海域盛产大黄鱼闻名全国。每年农历4月初、4月中和5月初这3个大潮汛期间，大黄鱼（又名石首鱼、黄花鱼）在海中翻涌，江浙七郡沿海渔民竞相前往洋山捕鱼，大小渔船云集，规模高达数万艘，也被称作"打洋山"，可见渔业资源的丰富。

唐朝时代，海鲜以进奉、进贡、土贡等方式进入宫廷。朝廷每年都会向地方的州道府县征调一些地方特产，有些地方官员也会主动

① （宋）欧阳修.新唐书［M］.北京：中华书局，1999.

② （宋）欧阳修.新唐书［M］.北京：中华书局，1999.

③ （元）冯福京.大德昌国州图志［M］.宁波：宁波出版社，2011.

将本地的特产上贡朝廷。佛教观音传说和舟山地方传说中都有"唐文宗罢贡蛤蜊"的故事，讲的是唐文宗时，舟山一带渔民深遭上贡蛤蜊之苦，观音菩萨慈悲，在进贡的蛤蜊中化现菩萨之像，感化文宗，这就是"蛤蜊观音"来历，故事也在沿海渔村流传至今。但唐朝时，舟山群岛的海产品干货大量制作，行销大陆，远至帝都长安都能见其身影。

三、唐朝的海外贸易发展带来舟山群岛的繁荣

唐代实力雄厚、疆域辽阔，是我国历史上的繁荣时期。当时在世界上形成了以中国为核心的东亚文化圈，不但政治、军事、经济强大，而且科学技术发达。中国造船业、航海术的进步使得海外贸易得到高度发展。唐代自贞观四年至乾宁元年，中国对外交往不但次数多而且规模更大，仅日本先后遣使19次来访，每次使舶2艘，人员200人左右；到后来每次使舶4艘，人员600人。过去绕道北方航线路途远，时间长，途中风险也多。据《安祥寺惠运传》记载：唐宣宗李忱派遣的舶队从浙江明州（今宁波）出发，明州舟师张支信于唐大中元年六月二十二日（公元847年8月6日）从明州望海镇出发，经舟山普陀山停休后（添加淡水、木柴、食品和蔬菜等）扬帆。回程海舶从日本出航，沿九州西岸南行，从摩萨循种子岛、屋久岛、奄美大岛直接横渡大海，经舟山，在普陀山进行短暂休息后，再进入甬江于明州登陆，或者再经杭州通过大运河（或者内河）到达当时的京城长安。鉴真东渡日本多次经过舟山群岛，日本高岳亲王来华也经过舟山群岛到达大唐帝都长安。南岛新航路的开辟，大大地缩短了中国与日本、中国与朝鲜半岛之间的航程，越来越多的海商贾客与长江中下游地区建立了更加紧密的联系。

唐代丝绸生产十分发达，所生产的花色种类丰富繁多，仅杭州一地所产就有绯绫、白编绫、丝绸、织绫、柿蒂绫等数十种类。当时政府的俸饷、军费开支及赠送外国使臣的礼品，无不以绢帛为用。唐代

时期的登州（今蓬莱）、密州（今胶州）、明州（今宁波）、泉州四大港口，是我国黄海、东海和南海的对外重要海港。浙东明州海外贸易十分发达，据南宋《宝庆四明志》记载：朝廷在明州设立了专门管理外贸（兼理外事）的机构——市舶司。①作为明州港的必经通道，舟山港同样起着不可忽视的作用，凡出入明州或经过浙江的商舶，都要在舟山洋面停舶，接受官府的检查，并及时补充淡水和给养。当然海上丝绸之路的发展，逐步形成和推动了普陀山观音菩萨道场，这与朝鲜半岛、日本商人和僧人的途经贸易相关，带动了佛教的交流和发展。

翁山建县时间不长。公元755年，发生"安史之乱"。后来，农民起义风起云涌。宝应元年，袁晁的北路农民起义军占领翁山县，代宗大历六年翁山县被废。多处唐代窖藏的出土，见证了唐朝舟山群岛的辉煌和衰落的历史。

① （宋）胡榘，方万里，罗浚.宝庆四明志［M］.宁波：宁波出版社，2011.

第五章 宋室南渡——舟山两处宋朝窖藏钱币出土

一、登步岛出土宋室南渡之际的窖藏钱币

2001年冬至前，普陀区沈家门钱币收藏者朱某来市钱币学会请盛观熙老师鉴定一批出土古钱，经询：该批钱币出土于普陀区登步乡大吞村，为村民在平整自留田时挖出。古钱共出土百余枚，无容器贮存，有絮状物质一起出土，估计是装钱的袋子和串钱币的绳物腐烂物。

登步岛是舟山群岛中的住人岛（面积约15平方公里），位于朱家尖岛与桃花岛中间。

这批钱币分别是北宋熙宁、元丰、元符、崇宁、大观、政和，以及一枚"靖康元宝"铜钱。除崇宁元宝、重宝为折五钱外，其余为小平、当二及折三钱。其中最珍贵的"靖康元宝"钱，外径31毫米，穿径7毫米，厚度1.5毫米，重量 7.4克。通体绿锈，包浆完好，文字清晰，品相上佳，钱文篆书旋读，正面狭缘，背阔缘，背部穿左上方有一星纹，钱文"宝"字的盖部两侧垂直至"贝"下平，俗称为"长冠式"。这批北宋钱币出土下限为"靖康元宝"，埋藏时间推测在两宋之际。

二、昌国状元桥畔出土的南宋末年钱币窖藏

1971年，在状元桥畔的西南，舟山建造第一百货商店大楼，在挖掘地基时，发现了距地表1米深处的2件古瓷罂。瓷罂黑褐色，鼓腹小

口，通高32厘米，口径10厘米，底径12厘米，腹径30厘米，每件瓷甏毛重约50余千克。瓷甏口均以明矾、石灰封闭，十分牢固。由于无法打开封口，建筑工人遂使用铁锤砸破，发现瓷甏内中所装古钱。由于容器封口严密，古钱保存得非常完好。谢振国先生对文史和古钱感兴趣，从建筑工人手中收集了80余枚钱币，其中有唐代"开元通宝"、五代南唐的"唐国通宝"，北宋太宗的"太平通宝"，徽宗的"崇宁通宝""崇宁重宝""政和通宝"等钱币，状元桥区域是昌国县城内最繁华的集市中心。

三、两宋之际的舟山群岛文化和经济发展

在文化教育方面，南宋时的昌国县人文繁盛，先后兴办了翁州、虹桥、岱山等书院，造就了大批人才。

在经济方面和对外贸易中也非常有实力。南宋时期的昌国县盐业、渔业也非常兴盛，造船业居沿海诸县中为最。宋代设市舶务于浙闽粤三处，两浙市舶务最初设在杭州，宋太宗淳化三年（公元992年）移到明州。以后逐渐包括杭州、明州、秀州（今嘉兴）、温州和江阴五地。到了南宋，其他四处都撤销了，只剩下明州（庆元）一处。

南宋偏安一隅，政治、经济、文化中心也随之南移至浙江，普陀山佛教也在此时期兴盛。北方移民的大量迁入，舟山群岛人口倍增，渔业、农业、盐业生产、佛教、对外贸易等方面都得到快速的发展。铜钱作为南宋时期商品交换的主要媒介，参与日常生活和各类经济活动，出土的南北宋交替之际和南宋窖藏钱币，反映出宋室南渡之后海岛经济文化的繁荣。

第六章 舟山群岛三处元代窖藏钱币出土

一、三处出土的元朝窖藏钱币

1.1976年在定海长白岛前岸村出土的钱币。[①]村民在距离地表 0.8
米深处，挖出一只四系陶罐，罐外表呈黄褐色，高28厘米，口径11.5
厘米，底径10厘米，腹径28厘米，撇口卷唇，鼓腹平底稍向内凹，陶
罐内装有铜钱51.5千克，钱币原有绳子系穿，出土时已经腐烂，铜钱
表面布满绿锈，有的已经蚀结成锈块状。经清洗后整理捡选，钱文清
晰完整者有2 442枚，破损和钱文模糊不清者有3 186枚，共计出土各
类古钱5 628枚。其中主要为北宋和南宋钱币，少量唐朝"开元""乾
元"钱，北宋钱币，以及南宋高宗时期铸造的"建炎通宝""绍兴元
宝""绍兴通宝"；孝宗时期铸造的"淳熙元宝"，光宗时期铸造的
"绍熙元宝"，宁宗时期铸造的"庆元通宝""嘉泰通宝""开禧通
宝""嘉定通宝"（背纪年三、六、八、十），理宗时期铸造的"绍
定元宝""绍定通宝""端平通宝""嘉熙通宝""淳祐通宝""景定元
宝"，度宗时期（公元1265—1274年）铸造的"咸淳元宝"钱。出土
的这部分南宋古钱，既有小平钱，亦有折二钱；既有空背钱，也有纪
年代钱，品种丰富，其上下基本涉及南宋各个朝代。这是舟山地域近
年出土南宋钱币品种最多的一次，最晚的为元代武宗时期铸造的"至
大通宝"。

---

① 陈金生.舟山出土一批唐、宋、元古钱 [J].舟山钱币，1988（1）.

2.1988年在岱山岛岱中司基村出土的钱币。[①]村民在距地表深约1.3米处挖出的一批古钱币，泥土中的钱币无容器盛装，周围亦无其他遗物存在。这批古钱币共52枚，通体布满红绿锈斑，因钱币形制大、钱厚重、质量好，虽埋藏土中历经600余年，但周廓分明，钱文的字迹清晰，其中两宋部分的钱币有北宋徽宗崇宁年间铸造的"崇宁通宝""崇宁重宝"钱共20枚，占总数的38%，徽宗大观年间铸造的"大观通宝"折十钱2枚，钱文为徽宗手笔御书，俗称"瘦金体"，铁画银钩，自成一体。另有南宋理宗端平年间铸造的"端平通宝"当五钱14枚，该钱有二种不同的版别，其中"长平"钱（俗称"长脚端平"）9枚，"短平"钱（俗称"短脚端平"）5枚，占总数量的27%。理宗淳祐年间铸造的"淳祐通宝"背当百大钱3枚，占总数的6%。有13枚元代"至正通宝"，13枚顺帝至正年间铸造的"至正通宝"钱，计有3种不同版别（为折三钱背蒙文纪年午、卯、辰3种），占总数的7.5%左右。这些古钱不分大小、种类、年代，都被混杂于一起穿绳，埋入泥土，用手掰开锈结成团的泥块后，可以见到已经腐朽的穿绳痕迹。这批出土的钱币实物中，南宋钱币约占1/3，其中淳祐当百大钱为本市首次出土。

3.1989年在六横岛台门镇礁潭村出土的钱币。这一罐古钱币中有元代"至元通宝"，同时出土的主要是北宋钱，还有少量唐代和南宋钱，元代钱币在出土总量中所占比例较低。[②]

虽确认为元代窖藏出土，但其中出土的元钱不多，究其原因是元朝早期实行纸币流通制度，政府甚至明令禁止金、银、铜在市面流通。后因钱币制度无法维系，为此武宗至大三年时铸造了"至大通宝"小平钱和蒙文"大元通宝"当十钱；顺帝至正十年以后，铸造过

---

① 翁维苗.岱山司基村出土宋、元钱币的研究［A］// 浙江省钱币学会论文集［C］.浙江钱币学会，1991.

② 王恩锁.浙江普陀出土一批唐宋元钱币［J］.舟山钱币，1990（1）.

的"至正通宝"及"至正之宝"钱,算元代较大规模铸造的铜钱,当时实行钱钞兼行政策,铸造和流通铜钱量不多。

二、出土钱币在元代窖藏的原因

第一处出土的钱币入土的确切时间应在至大三年(公元1310年)后,在至正十年后开始铸造"至正通宝",铸造量少,故应在此区间内。推测武宗至正三年,虽然鼓铸铜钱,欲用铜钱以辅行银钞,但因当时铜产量稀少,至大四年即行罢废,复行旧制,即仍旧只许纸币流通。这样,埋钱的主人只得将古钱和铜钱一起窖藏,以待将来使用。窖藏38年之后,元顺帝至正十年才铸造钱币,允许钱钞并行,而原来的主人可能早已谢世,窖藏钱币终未取出。第二处和第三处出土的钱币入土的确切时间应在至正十年(公元1350年)后和元顺帝(后)至元年间(公元1335—1340年)以后。

元代三处钱币的窖藏的原因应与元末舟山战乱有关。民国地方志记载:元朝至正八年(公元1348年),浙江台州方国珍起兵反元,至正十五年(公元1355年),方国珍率部攻入庆元(今宁波),浙东都元帅纳麟投降,慈溪县令陈文昭不屈被俘,后被关在岱山岛。同年,方国珍又攻下昌国州(今舟山),州达鲁花赤高昌贴木儿屡败方部,终因孤军独力难支,城破身死。[①]元朝战乱,钱币的主人为防止钱财被乱兵所劫,而将钱币窖藏,为后人留下了一批钱币实物资料。

---

① 陈训正,马瀛.定海县志[M].台北:台湾成文出版社,1970.

第七章　民国初年衢山岛出土明代初期
海禁时窖藏的铜钱

　　舟山群岛是中国最大的群岛。历史已有不少岛屿连合其中的衢山岛，位于群岛东北部中间，在唐宋时称"蓬莱山""岣山""胸山"，明清之后叫"衢山"。铜钱为日用之物，在清末民国初年的报纸上古钱出土的消息报道并不多见。宁波市档案馆保存的民国宁波地方性报纸——《时事公报》民国十一年（公元1922年）10月21日第二版中，刊发有一则题为《古钱出现》的报道，这是舟山出土古钱较早的文字记录。

一、出土古钱报道的原文

　　定海衢山天涨沙场颇广，自发明用黄沙合水门汀，以为建筑材料以来，用途日广，由衢装沙运往上海之钓船络驿不绝，近日掘沙之人，于河内掘出古钱五六十千，其钱文为：开元、大中、宣和、开庆、嘉定、大观、大定、明元、淳元、绍元、嘉元、治平、熙元、皇宋、景元、乾元、祥通、至元、治元、嘉祐、正元、天通、宋元、至和、咸淳、洪武、祥元、圣元、至大、太平通宝、天元、咸元、政和、元通等三十余种，俱是唐宋元明千百年前国号，文不甚明，而质仍坚固，据收藏家乐声和君云，出土时钱文不止此数，因土人不知保存，纷纷用散，可惜之至云（原来拓印钱文纸计十二枚，从略）。

二、报道中的文字解读和出土钱币品种推测

　　写此报道的作者乐声和，为衢山岛之岛斗岙人，清末秀才，岛上

知名乡绅。民国十三年，浙江省政府派定海县垦放局对衢山岛内新开垦的海边沙涨咸地进行清丈征税，岛内民众群起反对，乐声和作为衢山公推乡绅代表主伸其事，向政府请愿，要求停止沙灶土地的丈量，后被警察署逮捕，后得到县议会议员张澹人、上海旅沪同乡会等社会各界支持，政府放弃对衢山沙灶地的清丈，在"衢山沙灶垦放案"中，乐声和为民请命，反对政府无理盘剥，受到岛内民众的爱戴。

乐声和虽熟读诗书，但当时人们普遍缺乏古钱知识，因此有必要对这则报道内容进行解读和分析，以发掘其这则资料的应有价值。古钱出土报道的解读须运用钱币学知识，通过古钱地域的流通状况和历史背景进行综合分析，推测这批古钱币的埋入时间和历史背景。

1. 出土地点。衢山岛东西走向，四周多沙滩，出土报道简单地指出"衢山"，衢山岛主要一条长河，出口处沙塘、沼潭为古代沙滩，由于自然环境变迁，岛屿沿岸沙涨或围垦，使古沙滩（挖沙地点）在民国初年时出土古钱时已早与海水隔绝，成为淡沙。当时的上海滩建设项目多，多就近从嵊泗、衢山运沙，因此民国时期衢山挖沙业非常红火。1928年2月8日，浙江省政府主席何应钦等签发《浙江省政府公报》中专门有《朱家尖、衢山砂涂管理规划》一文。

2. 出土的数量。报道中说出土"五六十千"枚，即五六万枚，其中以宋、明钱币为主，以每枚4克左右计算，重量约500斤。

3. 出土时具体情况。由于当时没有考古发掘知识，报道中也没有提到古钱所装容器，只是说钱文不甚明，而质仍坚固，说明古钱锈结，其内部未进一步腐蚀。

4. 出土钱币的品种分析推测。出土报道只罗列34个品种钱币，从文字读法来看，乐声和先生采用元、明、清三代钱统一采用"对读法"（或名"直读法"，即先上下，后右左），又因古钱文字不甚明，故多识上下两字为主。事实上，元朝前，不少钱币文字用"顺读法"（从穿上字开始顺时针读）。只对上下文字识别而写下钱币名称，会产生不同品种的铜钱，由于上下二字相同而当作同一种钱币的可能。针对作者记述的钱币品种中上下币面的文字，笔者将根据中国古代每朝每代不同年号的铸钱版式，对报道中的铜钱名称按其报道中顺序的古钱名称进行整理和辨别，合理分析推断钱币品种。

（1）"开元"，即"开元通宝"，研究认为应读为"开通元宝"，唐高祖武德四年开始铸行，不同时期和多个朝代都有铸造，流通使用多个朝代。

（2）"大中"，即"大中通宝"，为朱元璋农民起义军于至正二十四年始铸的钱币，洪武元年停铸。

（3）"宣和"，即"宣和通宝"，宋徽宗宣和年间铸。

（4）"开庆"，即"开庆通宝"，南宋理宗开庆元年铸。

（5）"嘉定"，即"嘉定通宝"，南宋宁宗嘉定年间铸。

（6）"大观"，即"大观通宝"，宋徽宗大观年间铸。

（7）"大定"，即"大定通宝"，金世宗完颜雍大定十八年至廿九年铸。

（8）"明元"，即"明道元宝"，宋仁宗明道年间铸。

（9）"淳元"，无"淳元"年号钱币，按旋读来考察历代钱币，大致可能有三种，分别为：北宋太宗淳化元年铸造的"淳化元宝"，南宋孝宗淳熙年间铸造的"淳熙元宝"，理宗淳祐年间铸造的"淳祐元宝"。

（10）"绍元"，钱币文字直读，但无"绍元"年号钱币，钱币文字由直读为旋读，可能性大致三种，分别为：北宋哲宗绍圣年间铸造的"绍圣元宝"，南宋高宗赵构绍兴年间铸造的"绍兴元宝"和光宗赵惇绍熙年间铸造的"绍熙元宝"。

（11）"嘉元"，无"嘉元"年号钱币，钱币文字由直读为旋读，即"嘉祐元宝"，宋仁宗嘉祐年间铸。

（12）"治平"，即"治平通宝"，宋英宗赵曙治平年间铸。

（13）"熙元"，无"熙元"年号钱币，即"熙宁元宝"，宋神宗赵顼熙宁年间铸造。

（14）"皇宋"，即"皇宋通宝"，宋仁宗宝元年间铸造。

（15）"景元"，有"景元"年号，是三国时期曹魏的君主魏元帝曹奂的第一个年号，但无此名称钱币，钱币文字由直读为旋读，可能性大致二种，分别为：宋真宗景德年间铸"景德元宝"、宋仁宗景祐年间所铸造的"景祐元宝"。

（16）"乾元"，唐代肃宗李亨乾元元年开始铸造，代宗李豫接位后停止铸造的"乾元重宝"，或南宋孝宗乾道年间铸造的"乾道元宝"。

（17）"祥通"，无"祥通"年号钱币，应为"祥符通宝"，宋真宗大中祥符年间铸造。

（18）"至元"，有"至元"年号，"至元通宝"铸造于元代顺帝至元年间，但铸造量很少，可能性较大的还是宋太宗至道年间所铸造的"至道元宝"，或宋仁宗至和年间所铸造的"至和元宝"。

（19）"治元"，无"治元"年号钱币，应为"治平元宝"，宋英宗赵曙治平年间铸造。

（20）"嘉佑"，即"嘉佑通宝"，宋仁宗嘉佑年间（公元1056—1063年）铸造。

（21）"正元"，无"正元"年号钱币，应为"正隆元宝"，金海陵王完颜亮正隆二年开始铸造，与宋钱并行。

（22）"天通"，无"天通"年号钱币，应为"天禧通宝"，宋真宗天禧年间铸造。

（23）"宋元"，即"宋元通宝"，宋太祖赵匡胤建隆元年开始铸造，宋代开朝钱，形制上沿用唐朝的"开元通宝"。

（24）"至和"，即"至和通宝"，宋仁宗至和年间铸造。

（25）"咸淳"，即"咸淳元宝"宋度宗赵禥咸淳年间铸造。

（26）"洪武"，即"洪武通宝"，明太祖朱元璋洪武年间铸造。

（27）"祥元"，无"祥元"年号钱币，应为即"祥符元宝"，宋真宗大中祥符年间铸造。

（28）"圣元"，无"圣元"年号钱币，应为"圣宋元宝"，宋徽宗赵佶建中靖国元年开始铸造。

（29）"至大"，即"至大通宝"，元武宗至大三年至四年所铸，系元钱中铸造量最大、制作文字最工的一种。

（30）"太平通宝"，即北宋太宗赵光义太平兴国年间铸造。

（31）"天元"，外国年号，应为"天圣元宝"，宋仁宗赵祯天圣年间铸造。

（32）"咸元"，无"咸元"年号钱币，应为即"咸平元宝"，宋真宗赵恒咸平年间铸造。

（33）"政和"，即"政和通宝"，宋徽宗赵佶政和年间铸造。

（34）"元通"，无"元通"年号钱币，应为宋神宗赵顼元丰年间铸造的"元丰通宝"，或哲宗赵煦元祐年间铸造的"元祐通宝"，或哲宗元符年间铸造的"元符通宝"。

三、对铜钱埋入时间和埋入背景的考证

1. 出土钱币埋入时间的下限断代。根据报道内容和钱币文字的分析，可以推测此批出土古钱包括唐、宋（北宋、南宋）、元、明四个朝代。其中最早的是"开元通宝"，最晚的是"大中通宝"和"洪武通宝"。钱币的下限年代在"洪武"年间，因为没有出土洪武之后的钱币，若是洪武年间之后埋入，或多或少有其他品种的明钱，因此洪武年间埋入的推测是合理的。

2. 埋入原因考证。一是海禁时埋入。衢山岛在明初海禁之前人文历史悠久，岛上有好几处新石器时代文化遗址，在群岛历史中以人口多、经济比较发达而著称。据历史文献记载和文物出土考古发现，衢山岛留有唐宋时期历史遗迹和人物史料著述。《定海厅志》大事志

载：因"秀、兰、岱、剑、金塘五山争利，内相仇杀，外连倭寇，岁为边患"，朝廷按汤和所奏，于洪武十九年（公元1386年）实行海禁政策，烧毁船只，岛民不能出海只能在原地生息。[①]洪武二十年，昌国县废，改置昌国乡，昌国乡在城分为两里，在乡分为四里。在五六百年里，衢山岛一直是官府的封禁之地。其间，明嘉靖二十年至嘉靖三十一年，衢山曾一度成为海盗陈思盼的根据地。清初舟山群岛开禁，乾隆年间衢山岛陆续有居民违禁开垦，但衢山一岛官方于清光绪六年方开放封禁。根据出土钱币的下限断代，这批古钱埋入时间和原因为明洪武二十年之际的海禁时期的居民大迁移。根据史料记载，为在短时间内加快迁往大陆，官军押着民众背井离乡，随身又不能带多少物件，发生多起小船载重而翻覆人亡的事故。

二是明初的"洪武窖藏"也有可能。元代旧制昌国州钱、钞、银并行，明洪武二年昌国州改为昌国县，属明州府（今宁波）管辖。不久明朝廷颁令，禁用元代货币，推出了第一种年号钱"洪武通宝"。洪武十六年，大明王朝开始通行纸币，即"大明通行宝钞"，朱元璋下令国内禁止流通铜币。朱元璋规定一个星期之内，老百姓必须把铜币兑换成纸币。由于百姓还是喜欢用铜币，不喜欢用纸币，于是偷偷摸摸把铜币埋到地下。在浙江省内，"洪武窖藏"出土已经不下20次，余杭、海宁、桐乡一带尤多。1970年，余杭一次性出土几千克洪武窖藏铜钱。2010年杭州紫金港路出土古钱币是新中国成立以来杭州规模最大的一次。

3. 钱币主人的推测。按照当时的货币流通情况，铜钱储存到一定数量一般会去换成银两或宝钞，以利于保管和携带，这批钱币数量达五六万枚有余。有如此多的钱币的主人，可能为当时衢山大富商户。令钱币埋藏者没有想到的是，过了很多年，铜币还是不能通用，又遇到明代的海禁政策如此严厉，因此就一直埋在地下。

---

① 史致训，黄以周.定海厅志［M］.北京：国家图书馆出版社，2005.

自从背井离乡后，钱币的主人再也等不到回归故土的一天，去取回自己埋入沙土中的钱币了。《时事公报》报道的这批古钱币出土，为我们展现了600年前海禁时的那场大迁移的场景：衢山岛上的山百姓在官兵的催逼下，哭天抢地，在上船之前，钱币的主人因铜钱太重而携带不便，由于船只以载人为先，故而无奈匆忙地将自己积攒的铜钱埋入海边附近的沙土里，古钱币就这样静静地躺了几百年，为我们留下了明朝初期舟山群岛实行海禁的一段历史遗存。

第五篇

南来北往过舟山——福建与舟山

第一章　舟山渔村网硾铜钱中常见的"福建通宝"

在舟山群岛的渔网硾铜钱中，"福建通宝"时有所见。该钱铸造工艺落后，采用手工翻砂，轻重不一，较为粗糙，精美者少见。钱币多为黄铜铸造，偶见红铜、青铜或铅质，文字为标准宋体字，字体模糊、边缘残缺、钱肉穿孔。存世流通实物有一文、二文两种面值，二文钱（见图5-1-1）直径24毫米，圆孔内径6毫米，重4.5克，正面面文四字对读，背面上下有"二文"两字，右边横条五色共和旗图案，左边为铁血十八星旗图案。一文钱（见图5-1-2）直径20毫米、

图5-1-1　"福建通宝"二文

圆孔内径2.5毫米，重2.4克，背面上下有"一文"两字，其余特征基本与"二文"钱相同。"福建通宝"所见大多是铸造时间长的阳纹五条旗"二文"钱，"一文"钱流通量少，要找全品相钱币比较困难。

图5-1-2　"福建通宝"一文

一、钱币背面图案的涵义

中华民国南京临时政府成立后，孙中山被选举为临时大总统。

孙中山虽倡导使用青天白日满地红旗为中华民国国旗，但五色旗原为清朝海军一二品的官旗，北洋水师的军旗，革命党革命时期江苏、浙江、安徽等省多用此旗。为争取袁世凯倒戈革命政府，五色旗被选为临时国旗。1912年，袁世凯发布"临时大总统令"：参议院议决以五色旗为国旗，商旗适用国旗，以十九星旗（原十八星铁血旗中心增加一星）为陆军旗，以青天白日（此处指青天白日满地红）旗为海军旗。因此"福建通宝"铜钱背面的图案采用"五色旗"和"铁血十八星旗"。

钱币背面穿右的五条纹旗，即五色旗，旗面按顺序为红、黄、蓝、白、黑的五色横条，比例为5：8，是中华民国第一面法定国旗。其五种颜色代表汉、满、蒙、回、藏五族共和，也是五行学说代表的五方颜色。也有学者认为五色取自凤凰五色，同时也代表儒家仁、义、礼、智、信五德。北伐胜利后，五色国旗被国民政府青天白日满地红国旗取代。

钱币背面穿左为铁血十八星旗，亦称九星旗，是辛亥革命时期革命党人武昌起义最先举起的军旗。旗主色为黑与红，黑色代表铁，红色代表血，意即誓以铁血来推翻清王朝。全旗底色为血红色，角端及两角之间都缀以黄星，共十八颗，象征九州十八省，寓意统一中国、团结人民，缔造民主共和国的意思。

钱背穿右的五条纹旗有阴、阳旗两种图案，这是铸造先后导致的版别差异。首批发行的为阴纹五条旗币，两种面值皆有。后期只发行"二文"一种面值，为阳纹五条旗，铸量稍多。五条（粗）阳纹和阴纹（细六条阳纹），是对共和旗上五种颜色横条纹的不同表现手法。粗五条阳纹表示五种颜色横条纹，细六条阳纹（见图5-1-3）代表五种颜色相间四条边和旗帜的上下两边，细六条阳纹以下二条纹之间代

图5-1-3 "福建通宝"细六条阳文

表一种颜色。

二、发行时间和背景

钱币学界一般认为"福建通宝"钱铸造于辛亥革命时期，但具体铸造时间（始铸、停铸时间），有关史籍均缺载。有人认为，"福建通宝"开铸时间应在闽铸"中华元宝"之后，可能在1912年初，或者更迟一些时候。①福州大学刘敬扬教授认为"福建通宝"始铸时间"似定于开设福建造币厂之后，《福建公报》创刊以前，即1911年12月前后较为妥当"。"福建通宝"铸造于福建省城福州应无疑议。晚清时期福州已有多家铸钱造币机构，如福州洪山桥原厝乡的福建机器局，南台苍霞洲的度支部造币闽厂，福建机器局附设铜币西厂，马尾福建船政局内的闽海关铜币局。福州大学刘敬扬教授认为，光复之初将南台苍霞洲旧有之铜币局开设为"福建造币厂"，福建造币厂在鼓铸福建都督府造"中华元宝"银角之前，铸造了"福建通宝"钱。②

"福建通宝"是历史上最晚手工铸造和发行的有孔铜钱。"福建通宝"钱文以省名命名，带有纪念辛亥革命时代的强烈气息。已故著名钱币学家马定祥先生撰文："福建通宝"双旗二文圆孔钱是辛亥革命成功后闽省

图5-1-4　"福建通宝"五文

所铸，尚有一文者，宝字又有"尔"宝、"缶"宝之别，而且旗条、点子亦有多少之分，又有青铜者（黄铜居多）。此外还有五文（见图5-1-4）、十文、五十文，百文者，则极罕见。有一种面文为"闽省通用"背"二文"，则为方孔钱，仅见一品。更有一种背后"省造二文"四字的方孔钱，亦仅一见。有的面"福建省造"背"二文"，也

---

① 蒋九如，柴国宏."福建通宝"考略［J］.中国钱币，1991（4）.

② 刘敬扬.辛亥革命福建货币［J］.中国钱币，1993（3）.

为圆形方孔。《辛亥革命时期货币》刊载有"福建通宝"背双旗"五文"、背双旗"十文"圆孔铜钱，上述钱币均未正式铸造发行。[①]

民国初年，国家币制尚未统一，各地发行了不少不同品种的钱币，如天津机制"民国通宝"一文方孔圆钱，"革命成功"背满文小平方孔钱（马定祥旧藏）、四川省大汉军政府发行的"大汉""大汉纪元"字样的圆形方孔钱，云南省东川铸造的"民国通宝"背当十、背东川等圆形方孔钱（其中发现版式稀有的"民字出头光背"钱，寓意"人民出头、当家作主"之意）。

"福建通宝"虽质量粗糙，却是在亟须面市的情况下铸造的，标志着中国数千年封建帝制的消亡和孙中山先生领导的辛亥革命的胜利，是全国最早铸上十八星旗和五色旗的钱币。随着使用机器铸造、产量又高的民国"当十铜元""开国纪念币"的机制铜元的面市，手工铸造的"福建通宝"一文、二文钱遂淡出历史舞台，完成了它的历史使命，成为辛亥革命的见证。

---

① 马传德，徐渊．辛亥革命时期货币［M］．上海：上海教育出版社，2002．

第二章　南明隆武舟山守将黄斌卿和从福建流入的隆武钱

《红楼梦》第七十六回里讲到，中秋节荣国府夜宴快要结束时，尤氏讲了一个笑话："一家子，养了四个儿子，大儿子只一个眼睛，二儿子只一个耳朵，三儿子只一个鼻子眼，四儿子倒齐全，却又是个哑巴。"有人说这是贾母的心态。

如果熟悉南明历史，这段笑话也可暗示南明政权的"三帝一监国"（弘光帝朱由崧、隆武帝朱聿键、永历帝朱由榔和鲁王监国朱以海）。"永历通宝"（见图5-2-1）的"暦"字中有一个"目"字即眼睛，对应的是"大儿子只一个眼睛"，暗指南明永历帝朱由榔。"隆武通宝"的"隆"字中有一个"阝"即左耳旁，对应的是"二儿子只一个耳朵"，暗指隆武帝朱聿键。"弘光通宝"（见图5-2-2）的"弘"字中有一个"厶"形似鼻子，对应"三儿子只一个鼻子眼"，暗指南明弘光帝朱由崧。鲁王监国墓碑中的"鲁"字中有一个"田"和"日"，即上下两部分"口"被封上成了哑巴的意思，对应的是"四儿子倒都齐全，偏又是个哑吧。"暗指监国鲁王朱以海。

图5-2-1　"永历通宝"　　　　图5-2-2　"弘光通宝"背"凤"

一、"隆武通宝"钱的版别

隆武称帝即铸行"隆武通宝"，"隆武通宝"有小平（见图5-2-3）、折二两种，钱文楷书直读。折二钱直径约29毫米，重6克左右。小平钱分背有文及无文两类。目前光背小平钱存世较丰，小平有背星纹及"户"、"工""南""留"等字。背无文小平钱有"正"隆、"生"隆、"缶"隆，又有武字笔画分上点、中点、下点的区别。此外还有"隆武通宝"铁钱，较为罕见。从现有发现的"隆武通宝"来看，有一种"隆"字右部下面称为"正字隆"（见图5-2-4），直径2.5厘米，重4克左右，清朝宝浙局"乾隆通宝（见图5-2-5）"也有这种写法。

图5-2-3 "隆武通宝"小平钱

图5-2-4 隆武通宝"正"字隆背"南"　　图5-2-5 乾隆通宝"正"字隆

二、隆武称帝后拉扰舟山守将

唐王朱聿键是明太祖朱元璋的九世孙。洪武二十四年朱元璋第23个儿子朱桱被封为唐王，永乐六年就藩于南阳府。朱桱病死，其子孙相继承袭了唐王的爵位。隆庆五年，朱硕熿承袭了唐王之位，因受宠妾迷惑，竟把儿子朱器墭、孙子朱聿键父子一起囚禁在承奉司内。几年后，朱器墭被毒死，地方官员为此禀告朝廷，已被囚禁20多年的朱聿键终于获得自由，而且被立为唐世孙，不久祖父朱硕熿病死，继任唐王。

朱聿键抵达福州后，为取得南明朝的正统地位，称帝，改元隆武。隆武虽称帝而手下无兵，郑芝龙手握兵权，处处控制隆武帝。

舟山总兵黄斌卿是浙海的一支劲旅，隆武帝拉拢原已归顺鲁王的黄斌卿部，削弱了浙江的抗清力量。在两王的封赠对比中，鲁王授黄斌卿爵位为"肃卤伯"[①]，隆武帝则授以"肃卤侯"，并封其为"水陆官义兵马招讨总兵官"，挂镇南将军印，加太子太师，后加封肃国公。

黄斌卿镇守舟山，名义上奉"隆武"为正朔，目前舟山群岛目前留下了"隆武"年号的两方石碑，一方为普陀山海岸庵出土的"海国长城"碑（见图5-2-6）。碑两侧有上下款，分别为"钦命招谕浙直总镇都督著海将军秣陵刘世勋"和"大明隆武改元乙酉年孟冬望日立石"（公元1645年）。公元1651年，清军攻陷舟山城时，刘世勋自刎而死，清乾隆年间赐谥"烈愍"，舟山旧有刘烈愍公祠，内有全祖望所撰《翁州刘将军祠堂碑》。另一方为"明诰赠太夫人郑氏之墓"；背面"陆地仙藏"（见图5-2-7）四字，上、下均有小字落款。分别为"隆武已丑季春吉旦立"和"太师威虏侯黄斌卿书"，此时隆武政权已灭亡多年，但其年号还是用"隆武已丑"（公元1649年）。

图5-2-6 1645年普陀山"海国长城"石碑（高185cm，宽81cm）

---

① （民国）陈训正，马瀛.定海县志［M］.台北：台湾成文出版社，1970.

图5-2-7 1649年"陆地仙藏"石碑

舟山流通和存留民间的"隆武通宝"钱币，其中有隆武帝拉拢黄斌卿给予的赏赐和军费，以及福建水师带来的隆武年号钱币。舟山发现的不少隆武钱币与舟山守将奉隆武政权为正朔，以及历史上舟山与福建频繁的海上往来密切有关。留存至今的"隆武通宝"钱币是舟山群岛在黄斌卿管理下的这段历史实物见证。

第三章 康熙"台"字钱币见证清初舟山沿海的海禁开放

一、二十钱局花钱和康熙背"台"钱

笔者收藏有多种康熙二十钱局花钱，一种为正反两面环铸由二十钱局名称联成的四句五言古诗花钱（见图5-3-1），钱直径45毫米，重22.5克，圆孔；另一种为正面铸吉语"福禄寿喜"，背面铸二十钱局名花钱（见图5-3-2），钱直径45毫米，重30.03克，圆孔铜钱。清朝康熙之后，有人将康熙年间铸钱的局名进行组合，编写了一首20字的五言诗，诗文为：同福临东江，

图5-3-1 康熙二十钱局花钱

图5-3-2 "福禄寿喜"康熙二十钱局花钱

宣原苏蓟昌，南河宁广浙，台桂陕云漳。诗文对应的钱局名称，标准称呼为"宝"字后加局名的简称（"宝×局"）。诗中钱局所在地分别为：山西大同、福建福州、山东临清、山东济南、江南江宁（今江苏南京）、河北宣化、山西太原、江苏苏州、河北蓟州、江西南昌、湖南长沙、河南开封、甘肃宁夏（今宁夏银川）、广东广州、浙江杭州、福建台湾（今台湾台南）、广西桂林、陕西长安（今西安）、云南昆明、福建漳州。这首五言诗，文字朗朗上口、通俗易记。

康熙朝的正用制钱（国家法定流通的标准铸币）样式，选用了清初顺治五种版式中的二式，第一式是背面两个满文字（宝源或宝泉），第二式是背面左满文右汉文，又称为"背文纪地钱"。

图5-3-3　康熙通宝背"宝台"

"康熙通宝"背"宝台"钱（见图5-3-3）就是台湾纪地。事实上，除上述二十个纪地外，康熙朝铸钱局还有比较少见的"巩"（宝巩局）和"西"（宝西局）。康熙各局铸造的制钱形制大、重量标准，唯独宝台局制钱略小，这并非地方官员自行其是，而是依政令所行。

据史料记载，康熙二十三年，"户部以鼓铸制钱，每文金一钱四分，二本过重，议准每文改重一钱。行文铸钱各省，俱照新式鼓铸"。这说明当时的台湾府是在中央政权的有效管辖之下，钱币大小重量根据清政府条例而铸行。针对当时台湾大多沿用前朝钱币的现状，康熙二十七年，福建巡抚张仲举奏请朝廷，收购台湾流通旧钱，销毁后改铸宝"台"康熙通宝。该钱面文对读，背满文"宝"字和汉字"台"字，钱直径23.5毫米，重3.3克（俗称"小台"）。后来民间为求整齐，配套补铸与其他各局一样大小的宝"台""康熙通宝"（俗称"大台"），但这并不是国家铸造的制钱。"康熙通宝"背满、汉文纪地"台"字钱币，开铸于康熙二十七年，是"康熙通宝"纪地二十六品中最后一个铸上地名的钱币。康熙收复台湾后，为纪念国家的统一，民间把"台"字在内的二十个钱局名简称组合成诗文铸在花钱上，挂在身上或帽上，起到吉祥厌胜的作用。

民间传说，集齐铸有康熙二十个局名的钱币并佩戴在身上，便可以吉祥如意，除恶避邪保平安。外出经商的人如果佩戴这组套子钱出门去做生意可马到成功，万事亨通。由于这组套钱是由分散在全国各地的二十个地方钱局分别铸造的，所以很难凑齐，特别是"台"字钱甚为难觅。又因长期携带二十枚铜钱很不方便，于是民间匠人就把这二十个字集中刻铸在一枚钱币上，产生了一种康熙二十局花钱。这样既方便了人们的携带，又满足了人们祈求生意顺利、吉祥如意、除恶避邪的愿望。此风俗流传时间很久，至今还有人在收集康熙二十局花钱，但更多的是为了收藏和欣赏。

二、康熙统一台湾后与对舟山群岛的关注

康熙皇帝是中国历史上一位兼具文韬武略的君主，被后世称为"康熙大帝"。康熙14岁亲政，在智除鳌拜，平定吴三桂、尚有信、耿精忠的"三藩之乱"后，统一了台湾。

为巩固边疆，康熙颁展海令，召民复垦舟山群岛；设置包括浙海关在内的四大海关，开放沿海四大对外贸易港口。康熙二十六年，舟山群岛设定海县，各方面条件大为改善，良好的定海港优势引来海外船只，为方便征税，浙海关在定海港设立征收点，但仍感不便，因此浙海关衙门上奏朝廷，要求将浙海关常关（主机关所在地）移至定海县。康熙三十七年，浙海关移到定海，随即在道头建造西洋楼（俗称"红毛楼"）作榷关征税办公之所，接待外来商舶。浙海常关衙门在定海迁址几次，但在之后的康熙一朝岁月里，仍长期驻设定海，定海港成为"万国梯航"的重要港口，西洋船只往来不断，贸易量大增，成为中国南北航道中心重要的进出口港口。

"康熙通宝"背"宝台"钱、康熙二十局花钱是康熙帝统一台湾的历史见证，从一个侧面反映了清朝前期国力的强盛。舟山群岛的恢复和发展正是在统一台湾之后。康熙二十局花钱和背"台"流通钱币的铸文，反映了台湾是祖国大家庭中的一员，在现今充分表达了海峡两岸炎黄子孙对国家统一和繁荣富强的强烈愿望。

第四章　耿精忠攻打舟山与"裕民通宝"钱的流通

清兵入关，清廷利用明朝的降将来平定全国及平定后镇守南方。明朝降将中，以孔有德、耿仲明、尚可喜、吴三桂四人替清朝出力最大，均封为王。后来，吴三桂驻云南，尚可喜驻广东，耿精忠（耿仲明之孙）驻福建，这样形成了三藩。

一、三藩铸钱

三藩之中以吴三桂的势力最大，也最为跋扈。三藩各据一方，形成独立王国，严重威胁着清朝政权，在经济上也成为清政府沉重的负担。

吴三桂依托云南产铜优势，举旗反清。除通过武力推进，抢占地盘，扩充势力外，同时吴三桂还发行钱币来激活经济，稳定人心。从某种程度上讲，发行钱币比武力反抗效果更好。吴三桂政

图5-4-1　利用通宝

权铸造的钱币有三种：一是公元1674年吴三桂起事之初发行的"利用通宝"（见图5-4-1）；二是公元1678年，吴三桂率兵攻入湖南，在衡阳自立为皇帝，国号"周"，年号"昭武"，发行的"昭武通宝"（见图5-4-2）；三是吴三桂死后，其孙吴世璠在云南王府继位，改年号为"洪化"，铸造的"洪化通宝"（见图5-4-3）。三种钱币中的两种存续时间仅三年，其中的"利用通宝"生命力最强，从公元1674年起存续到清代中后期。在漫长的200多年中，在南方各省特别是云、

贵、湘（尤以临澧地区为盛）等地，这些钱币混杂在清朝钱币中一起流通，直至民国初年才停止使用，其流通时间之长，创下了历史上起义军和反朝武装发行的钱币之最。吴三桂铸造的钱币，版式大致有背"厘""二厘""五厘""一分"，以记折银。也有光背和背"云""贵"等字，文书颇为工整。

图5-4-2　昭武通宝背"工"　　　　图5-4-3　洪化通宝

比起吴三桂的铸钱，耿精忠就少了许多。《茶严逸考》记载：耿精忠叛据闽中，铸裕民通宝钱，小平钱背无文，折二背右一分二字，折十背有壹钱、浙一钱等字。[1]由于耿精忠叛乱时粮饷不足，即下令于福州耿王庄（今王庄新村一带）鼓铸，康熙十四年在福州铸"裕民通宝"背"浙一钱"（见图5-4-4），这种新钱是耿精忠最晚铸造的品种，准备攻取浙江时使用。"裕民通宝"背"一分"（见图5-4-5）、"壹钱"（见图5-4-6）对银作价，即每枚可兑换一分银，一钱银。

图5-4-4　裕民通宝背"浙一钱"　　　图5-4-5　裕民通宝背"一分"

① 丁福保. 历代古钱图说［M］. 上海：上海书店，1986.

二、耿精忠派兵占据舟山

耿精忠叛乱后，看到舟山群岛适宜驻军和躲藏，因此"欲率水师遁往舟山"，但因其亲信部下暗中归降清军，因此被困福州城中，最后被迫出降。康熙二十三年，朝廷颁"展海令"，废海禁，舟山开始展复，渔业农业渐兴，移定海镇总兵（今宁波镇海）于舟山。

"裕民通宝"流入舟山，主要与军队士兵携带随军兵饷到舟山有关。[①]"裕民通宝"从康熙十三年开始铸造，到康熙十五年清军攻克福州，耿精忠出降后停止铸造，铸造时间不到两年，再加上清军将大量"裕民通宝"销毁，所以流传至今的

图5-4-6　裕民通宝背"壹钱"

"裕民通宝"钱不是很常见。收藏者收藏的钱币多从网硾钱中挑选出来，其来源多为浙闽沿海。"裕民通宝"钱流入舟山，主要与支付的军费，以及舟山士兵携带兵饷有关。"裕民通宝"钱币反映了清代平定"三藩之乱"这一重大事件，体现了舟山在中国南北海道上的重要性，以及浙江与福建沿海间交流的频繁。

① 郑学军."裕民通宝"与舟山［J］.瀛洲泉谭.2001.

第六篇

海上丝绸之路的重要驿站
——普陀山

第一章　1 500年前的南朝窖藏钱币在普陀朱家尖出土

2006年4月3日，浙江省舟山市普陀区朱家尖蜈蚣峙西麓码头附近，承建中国佛学院教育学院土建工程的朱家尖围垦开发公司施工人员，在开山时挖出上百千克钱币（市文物办估计有200多千克）。这是舟山群岛出土古钱币窖藏时间较早，时间跨度较大，钱币发现数量和种类较多的一次。

出土所在地——蜈蚣峙，与普陀山正对面，原为一悬水小岛，现已和朱家尖岛连在一起，位于海上丝绸之路明州出海航道中舟山群岛莲花洋石牛港附近，是古代浙江沿海驶向外海的交换海域。取土的小山坡已由中国美院朱仁民教授（舟山人）依山势设计建成了形似的"海上布达拉宫"，成为进入普陀山的标志性建筑。

一、出土钱币的品种简述

据本地报道及不少专业钱币杂志发表的文章叙述，出土钱币距地表不足50厘米，原有包装物痕迹，经手一触碰就变成粉末。钱币数十枚厚度锈成一团，用绳串起，出土时已腐烂，从锈结的钱币孔中可见绳子腐烂的外形。清理出来的两汉、魏晋钱币因为是流通品，故表面磨损较严重，梁、陈两朝钱币较新，应参与流通时间较短。对移交到文物部门的12.27千克，约5 943枚钱币进行清理发现，最早为西汉吕后二年铸造的"八铢半两"及之后的"四铢半两"，[①]最晚的是南朝五

---

① 盛观熙.浙江舟山朱家尖出土古代窖藏钱币概说［J］.江苏钱币，2006（2）.

铢。^①从出土钱币中，本地收藏人士还发现了有各类标志不同的五铢钱版别，数量较多的三国时期的蜀钱，以及陈天嘉五铢。^②

通过梳理，能基本确认有"八铢半两"、"四铢半两"、两汉各式五铢，以及被錾轮、磨边等手法减重的"綎环""磨轮""錾边"的两汉五铢钱。王莽"大泉五十""货泉""布泉"。三国蜀钱，包括"蜀五铢""直百五铢""定平一百""太平百钱""百钱""直一"，以及"曹魏五铢"、东吴"大泉五百"、"大泉当千"和"大泉二千"。两晋南朝时期的"西晋五铢""张轨五铢""沈郎五铢""永明五铢""天监五铢""萧梁两柱五铢"。^③从一些发表的文章插图来看，有陈朝文帝天嘉三年所铸的"天嘉五铢"。

这批钱币中混入重量与流通钱币相近的仿萧梁白色"对文五铢"钱币9枚，且认为是国内首枚陶钱，比目前世界公认的最早陶币早1 000多年。^④用高岭土制瓷是绝佳材料，制作烧制成瓷，非常坚固，但作为制作流通货币用材，早期史料未见记载。历史上用陶仿制成钱币的形状多是作为冥币之用。出土9枚所谓的"对文五铢"陶币，虽表面呈白色且粉末状，笔者认为非陶土所制，应为铅质或铅锡合金材料所铸，与梁代时铁五铢一样，可能是劣质材料制作的假币。铅锡合金入土时久，自然表面氧化成白色粉质状态，以后如有机会，可通过金属光谱检测，可以分析得出钱币成份构成的精确结论。

二、钱币窖藏断代

对9枚表面白色"陶币"的版式研究，其型制为为仿梁"对文五铢"钱（对文钱是一个钱被剪凿后的中心部分，其剩余的外缘部分称

① 杜美燕.舟山朱家尖出土古钱币［J］.东方博物，2007（2）.

② 盛观熙.舟山朱家尖窖藏蜀钱补说［J］.西部金融，2009（1）.

③ 盛观熙.舟山出土窖藏五铢中的记号钱［J］.江苏钱币，2009（1）.

④ 盛观熙.浙江首次出土萧梁"对文五铢"陶钱［J］.中国钱币，2006（3）.

为"綖环钱")式样，由此推断这批钱币应是梁五铢铸行之后才铸造的。通过观察分析应是铅锡合金外表面氧化所致，历代出土发现的陶币一般为冥币。综合多篇出土钱币论文记述，出土钱币中有南朝梁元帝萧绎于承圣年间铸造的"两柱五铢"，但无南朝梁末敬帝萧方智太平二年铸造的"四柱五铢"。根据出土钱币断代学理，窖藏断代下限可以非常精确定位在梁元帝萧绎承圣年间铸造"两柱五铢"铸造之后，梁末敬帝太平二年之前。对于梁"四柱五铢"（四柱有正背面各上下二柱者，亦有列于钱面穿上下各二者），铸量和流通不多，非常稀少。因此下限定在梁末敬帝太平二年之前的结论还是不够充分。

当时出土报道文章所载彩图照片所见的配图萧梁天监五铢，该钱"五"字交笔平直，形同两个对顶等腰三角形，"朱"头圆折而高出"金"头，外廓较宽，背廓尤壮，特征明显。现在钱币学界也有认为此钱非萧梁五铢，应为陈天嘉三年铸造的"天嘉五铢"（或称"陈五铢"）。若为"陈五铢"，则埋入时期的下限推到南朝的陈天嘉之后。

出土钱币中未出现陈"太货六铢"及之后年代的隋五铢、唐开元钱，清理出钱币中以"綖环""磨轮""剪边"等减重钱币数量为最多，占了一半左右，符合梁末陈初时的货币流通状况。《隋书·食货志》中记载：陈初承梁丧乱之后，铁钱不行，始梁末又有两柱钱及鹅眼钱。于时人杂用，其价同，但两柱重而鹅眼轻，私家多熔钱。[1]故这批钱币埋入于南朝陈宣帝太建十一年所铸的六铢钱之前。

三、钱币埋入原因的合理推测

（一）普陀山僧或上普陀山朝拜的香客所埋

出土地点与普陀山近在咫尺，朱家尖在历史上又与普陀山有较深的归属渊源，这些钱币有普陀山僧人或香客所埋的可能。普陀山佛教

---

① （唐）魏征.隋书［M］.北京：中华书局，1973.

起源时间主要有四种观点：

1. 西晋时期。据明末清初木天童寺方丈木陈道忞禅师留存的碑刻记载，普陀山佛教起源于西晋太康年间。这种说法同时也为日本嵯峨天皇年间日僧瑞溪周凤《善邻国宝记》所记载，镰仓禅宗五山之首建长寺《建长兴国禅寺碑文》亦袭用此说。元代《大德昌国州图志》记载，位于舟山定海北门外的普慈寺，东晋时就已经出现了专供观音的庵院。因舟山群岛民众生活在海国边，出海捕鱼最惧怕的莫过于遇上海难，观世音菩萨能"令诸众生大水不漂，水不能溺"，自然成为海上保护神，成为供奉的对象。

2. 南朝萧梁时期。北宋徐兢《宣和奉使高丽图经》卷三四《梅岑》条记载："梅子真栖隐之地，故得此名。有'履迹瓢痕'在石桥上。其深麓中有萧梁所建宝陀院，殿有灵感观音。"[①]

3. 唐代时期。元代《大德昌国州图志》《佛祖历代通载》《释氏稽古略》中均记载为唐大中年间。元代盛熙明撰写的《补怛洛迦山传》记载：大中年间，西域僧来，燔尽十指，顶礼洞前，亲感菩萨大人相为说法，授以七色宝石，神通感通化已显于此。"南宋志磐的《佛祖统纪》有确切的唐大中十二年的说法，根据文献考证，此说引自北宋道因法师的《草庵录》。南宋《宝庆四明志》记述为唐大中十三年，这是根据日本头陀（高岳）亲王入华的文献记载，推算出唐咸通四年的说法。

4. 五代梁贞明时期。最早出于元代盛熙明《补陀洛迦山传》记载，梁贞明二年始建寺院，明清不同年代编纂的普陀山志多沿袭此说，只是有部分山志模糊处理称"梁"，无法区分是南朝的萧梁还是五代的朱梁。

关于普陀山的开基，史籍中流传最多的是唐代日本僧人慧锷留观音圣像的说法；通过近年的研究成果显示，留观音圣像应是新罗商人

---

① （宋）徐兢.宣和奉使高丽图经［M］.北京：中华书局，1985.

所为，并认为此前有外传朝鲜半岛的观音信仰由新罗人回传到中国的可能，或认为日僧慧锷搭乘新罗商人的船只，因遇险而留像于普陀山。

两晋、南朝萧梁时期，普陀山若已建立佛教寺院，在丝绸之路航道边，作为中外交通的交换海域，僧人或普陀山进香的香客在普陀山对面的蟑蚣峙留存铜钱的观点有可能成立，也说得通。

（二）商船遇风暴或海盗险情所埋

舟山群岛作为海上门户，为中国南北海上交通要冲，自然成为贸易船队避风、补给和候泊的天然港湾，促使"水水中转"贸易的发生和逐利船只的参与。东汉袁康、吴平所著的《越绝书》及相关史料所载：舟山群岛应是"外越人"，或更远岛屿居住的"东鳀人"。因此浙东一带海上贸易起步很早，与吴越先民很早掌握舟楫技术有关。新石器时期，吴越先民"刳木为舟"，余姚河姆渡出土的舟和浆，以及宁波鄞县"羽人竞渡纹铜钺"的出土，说明沿海先民具备了舟船技术与海外贸易的基础。秦时舟山群岛隶属于会稽郡下的鄞县。"鄞"字从贸，从邑，意为因贸易而兴盛的城镇。唐代《十道四蕃志》中说：鄞山，以海人持货贸易于此，故以名山。[①]西汉政权建立以后，汉武帝致力于与海上各国的往来，先后开辟了三条海上航线：一是北起辽宁丹东，南至广西北仑河口的南北"沿海航路"；二是从山东沿岸经黄海通向朝鲜、日本的"北方航路"；三是从广东徐闻、广西合浦出发，经南海到印度洋的"南洋航路"。当时的贸易船队已经到达了南亚一带，且贸易频繁。"南洋"和"北方"两条航路的开辟，分别建立了中国到南亚和东亚的贸易线路，而沟通南北的"沿海"航线则将两个不同方向形成的贸易船线连接在一起，实现了"海上丝绸之路"沿中国海岸的贯穿，舟山群岛就位于其中间。

汉代以后，三国吴和东晋分别与南洋进行官方贸易，"海上丝路"并未因战乱和朝代的更替而中断。南朝的宋、梁、陈利用其

---

① 夏婧.唐梁载言《十道志》辑校［J］.国学研究，2012（2）.

作为南方政权的优势，分别有23次、39次和14次与南洋进行朝贡贸易。①"海上丝绸之路"日渐发展，据此推测，钱币因对外贸易商船因某种原因上岸之后埋藏也属合理。

三国时期的百济地处朝鲜半岛西南一隅，国力衰微。为了与强大的高句丽相抗衡，百济国王先后与中国南朝的刘宋、南齐、萧梁交好。其中，萧梁对百济的影响尤为深远。梁普通二年，百济国王扶余隆奉萧梁为正朔，梁武帝诏其为使持节、都督百济诸军事、宁东大将军、百济王。据《三国遗事》卷三"原宗兴法"条记载，百济曾在首都熊川州（今公州）为梁武帝创建大通寺。②《梁书》卷五四《诸夷传·百济》中更是记载了百济多次遣使进贡，并恭请梁武帝所著《涅槃》等经义、《毛诗》博士、工匠、画师等事，由此足见两国交往的频繁与密切。1971年，在韩国公州（百济熊津邑）发掘的百济武宁王与王妃的合葬墓，其墓葬形制以及出土器物，无不透露出朝鲜半岛（特别是百济）与萧梁存在密切的关系，出土的这批钱币在海外贸易时遭遇恶劣气候遇险上岸后，匆忙埋藏是有可能的。

四、结语

这批数量较大的钱币出土引发了人们对埋入原因的各种猜测。诸如，沿海渔船因风暴等恶劣气候出险，海盗抢劫到铜钱后埋入，等等。两晋南北朝时，海上作业渔船载重量小，带200多千克数量钱币出海从事渔业捕捞不可想象。海盗对岛屿、气候、地形相对比较熟悉，就算遇到恶劣气候避难上岸，待危险情况解除后肯定会取走钱币，毕竟不是一笔小钱，因此这两种猜测的可能性不大。

这批钱币的埋藏原因要放入中国大的历史背景，运用历史资料，结合出土钱币实物的信息，综合考察分析，推断出一个较为接近和合

① 黄菊艳.六朝时期的海上丝绸之路［J］.广东档案，2006（5）.

② ［高丽］一然.三国遗事［M］.长春：吉林文史出版社，2003.

理的结论。

埋入钱币断代在梁末陈初。据史料记载：当时浙江的政治中心在会稽郡（今浙江绍兴），从东汉末年到隋朝统一期间，会稽郡人口大量减少流失，主要原因并不是战争死亡，而是不少民众为逃避战乱，脱离官府管理，迁移到偏僻山区及浙东海岛生活，这种现实选择的情况从当时中原迁入赣闽粤所形成的客家人现象相似。

从出土的钱币品种和数量来看，有较多吴、蜀政权发行的货币，与同时期江南一带出土流通的钱币相似。据史料记载：蜀吴两国对峙时期，货币战争旷日持久，两地同处长江流域，经济贸易往来频繁，蜀国多铸大钱和轻薄钱币，大量流入东吴境内，东吴也不得不铸造大量大钱，有当五百、当千、二千，甚至五千面值的铜钱。

三国两晋时，舟山群岛的岛屿数量远比现在多得多。这批钱币的出土地——蜈蚣峙所在的朱家尖岛，原来就由马秦山、顺母涂岛等大小十余个岛屿连接而成。古币埋入时用竹筐盛放，埋入处不深，可见埋入时仓促。埋入之后主人没有取回，为航海途中遇到意外情况（如风暴、海盗等自然和人为原因）没有机会选择停泊岛屿，随船漂到荒岛后埋入。事后，铜钱的主人就算获救，也不一定有能力找到埋钱的荒岛及位置，更何况主人、知情者死亡的情形。

无论出于什么原因没有取回这批钱币，都为舟山群岛留下了一处千年的古钱遗存。在魏晋南北朝时期，舟山群岛已经成为逃避战火的理想之地，有不少大陆居民迁移在海岛生活繁衍。从普陀山的发展历史来看，杜牧诗中描写的梁武帝时代"南朝四百八十寺"的社会氛围，与普陀山佛教信仰起源也密切相关。这批钱币的出土，更加证实了舟山群岛和其中的普陀山，已成为长江口外南北海上丝绸之路的交汇点、海外贸易交流的中间站。

第二章 普陀山普济寺出土西班牙银元

1996年，在拆造海天佛国普陀山普济寺（前寺）西寮报本堂、承恩堂为"积善堂"（现佛协办公地）时，出土西班牙银元约千枚。银元被叠置入一只浅口的陶瓮，距地表不到1米。这些银元后被移交舟山博物馆。

一、对出土报道的分析

1. 舟山电视台对普陀山发现18世纪西班牙银币进行新闻报道。这批出土的所有钱币实物，为西班牙8R银元同际贸易大银元。其中发现一枚"夹版"假银元，用西班牙银元正反两面银皮包裹内灌铅芯，并非整体浇铸掷地即碎的"铅版假银元"。通过科学、相对全面地对舟山博物馆馆藏的出土实物考察，最早的为1776年，最晚的为1881年，年份无间断。

2. 《中国钱币》报道称：这批银币铸造年份最早为1779年，即西班牙国王卡洛斯三世所发行，最迟铸造年份为1895年，即西班牙阿列丰索十三世在位时所发行。有卡洛斯三世、卡洛斯四世和费尔南多七世双柱银元，还有伊莎贝尔二世、阿列丰索十二世及阿列丰索十三世5比塞塔小银币。这批银币大多流通使用过，银币表面均打砸有各种符号的凹形印记，除有多种外文字母外，还有汉字戳记，证实曾在我国流通使用过。这类汉字戳记多为早期钱庄商号及店铺所加。还有极少数的银币铸造十分粗糙，掷地即碎裂成两半，为伪赝银币，是早期西班牙或其他不法奸商所铸。[①]

① 盛观熙.浙江普陀山出土西班牙银币 [J].中国钱币，1996（4）.

　　有报道认为，出土银币与舟山群岛"双屿港"贸易有关，这值得商榷。双屿港走私贸易基地于嘉靖二十七年四月初七起被巡抚朱纨，和其派遣的都指挥卢镗、海道副使魏一恭等剿灭。出土银币的最早年份都比覆灭的时间早。西班牙卡洛斯三世、卡洛斯四世和费尔南多七世3种国际贸易大银元，被当时沿海地区（后来流通区域扩大）商民，甚至官府作为本位货币。虽叫西班牙银元，但基本上在西班牙殖民地墨西哥铸造，有些在危地马拉、秘鲁、哥伦比亚、智利、玻利维亚铸造。《中国钱币》的报道中出现钱币年份区间为公元1779—1895年。一是因当时所见银元实物少，因此报道中记载的铸造时间不确是；二是出土钱币中有伊莎贝尔二世、阿列丰索十二世，以及阿列丰索十三世3种银元。这些面值为5比塞塔（Pesetas），重量约为24.8克，直径37.3毫米的银币，与西班牙的海外殖民地银元不同，由西班牙本土的马德里造币厂铸造，其重量与直径明显小于本洋。从当时国际贸易和中国国内流通的银元来看，5比塞塔银元主要在西班牙国内流通，不参与国际贸易支付，流入中国的银币也不能充当本洋来支付流通。若出土的这批银元铸造的最晚年份为公元1895年，此时中国已大规模生产机铸银元。清光绪十年，吉林机器局开始铸造"吉林厂平"银元，这是中国引进先进铸币工艺的第一套机铸币。光绪十二年，两广总督张之洞购进英国机器，在广州创办广东钱局，铸造"光绪元宝"银元，当年铸成100万枚。数年后张之洞调任湖广总督，又奏准成立湖北银元局，铸造"光绪元宝"银元。之后各省纷纷仿造，全国大部分行省均铸造地方银元。出土的银元中没有一枚清朝中央政府或地方各省铸造的银元，因此只能有两种可能，要么报道的年代下限错了，要么经过人为故意挑选，除西班牙银元外，将墨西哥等其他外国银元、清朝制造的银元都挑造出来。

二、根据出土地址推测——银元或从菲律宾募化或由华侨捐助

　　（一）菲律宾华侨多数来自闽南。早在唐朝，泉州就有个别人士

因在这一带经商而定居吕宋等地。宋元泉州港、明代漳州月港、清代厦门港的相继兴盛，使福建人特别是闽南人因经商而移居东南亚一带者增多。而明末的倭患、抗清及清初强迫福建沿海民众迁界，造成民不聊生，迫使许多人逃往海外谋生。鸦片战争后，西方殖民者在福建拐卖数十万华工到美洲、澳洲及东南亚等地充当苦力；同时，由于西方资本主义的冲击，我国沿海一带自给自足的自然经济瓦解，越来越多的农民破产，再加上自然灾害连绵，国内战乱频发，土匪骚扰，宗族械斗等原因，迫使大批福建民众迁徙东南亚一带，形成空前的移民潮流。17—19世纪，闽南地区居民移居菲律宾的最多。据资料统计：公元1571年西班牙占领马尼拉时，当地只有150名华侨，到公元1593年猛增至1万名。到公元1603年整个菲律宾群岛已有华侨3万多名，仅吕宋马尼拉华人居住区内就有华侨近3万名。到公元1747年已增至4万名。①据布赛尔和罗伯逊《菲律宾群岛》统计：公元1605年有18艘船载运5 530名中国人去菲律宾，公元1606年又有25艘船运去中国人6 533名，其中仅从漳州月港起航运往马尼拉的中国移民就有2 011名。而《吕宋记略》中也记载"吕宋闽人寄居者，亦不下六七千家"，还说当地"土虽砂碛，可耕种，产米麦、蔬菜、瓜果，系闽人耕种者多"。②闽南一带由于亲属、同乡相约南渡谋生的日益增多，他们到达目的地后，又聚居一处，因此菲律宾华侨、华人中祖籍闽南的一直占绝对多数。明万历《普陀山志》载：普陀山种植的番薯（紫薯）由日本沿海引入。③这是国内最早记载番薯种植的文献。番薯原产于美洲、菲律宾，方志所载虽源于日本，但应由菲律宾传入琉球、日本后转传

① 格雷戈里奥·F.赛义德.菲律宾共和国——历史·政府与文明［M］.北京：商务印书馆，1979.

② （清）叶羌镛.吕宋纪略.（清）王锡祺.小方壶斋舆地丛抄再补编［M］.上海：上海著易堂书局铅印本，1891.

③ （明）周应宾.万历普陀山志［M］.上海：上海书店出版社，1995.

入舟山群岛；或直接由菲律宾往来于日本的东方航线，停驻于普陀山时由僧人引种，普陀山与菲律宾之间一直有着传统的存续关系。

（二）舟山与福建居民互动频繁，信仰方面互相影响。舟山与福建，自宋元以来历史上一直保持较为密切的互动关系，至今不绝。从丰富的舟山地方志资源可见，明清时期，舟山驻军总兵、游击等将领，还有大量行伍兵士很多为闽籍，特别是水师官兵，以闽南籍人氏为多。其原因是舟山驻军以水师为主，明清二代驻舟水师需要熟悉水性，适宜海上战争的人员，因此水兵多从福建沿海招募而来。舟山群岛居民除世居的海岛人士外，还有相当一部分是浙江沿海、闽南、苏沪一带迁入的移民。明末至清代，普陀山各寺院住持和出家僧众也多闽籍人士，如清代法雨寺方丈、福泉庵住持清念上人（台湾著名佛教导师印顺法师之剃度师）等多有闽籍人氏。普陀山与福建的信仰方面影响也很大，如妈祖信仰、泗州大圣信仰等多从福建传入。闽南群众多信仰佛教，尤其信仰观音菩萨。观音信仰在闽南特别兴盛，从地处厦门的南普陀寺发展来看：清康熙二十二年，靖海侯施琅收复台湾后驻镇厦门，捐资修复普照寺，又增建大悲阁奉观音菩萨，以寺院奉观音菩萨为主，并以位普陀山之南，与普陀山观音道场相类比，更名为南普陀寺，由此可见浙江舟山的南海普陀山对闽南影响尤大。

（三）近代菲律宾观音信仰从普陀山传入。伴随福建民众向东南亚移民，不可避免地出现中国文化包括佛教文化向东南亚传播。福建自五代两宋以来就是我国崇佛风气浓厚的区域，受传统浸染的民众移居东南亚，必然形成佛教信仰的社会群体，打下了福建佛教向东南亚诸国传播的社会基础。清康熙二十三年，舟山沿海开放海禁，各国信徒"梦想名山久，因之驾海来"，每年朝山进香者不断，泰国、缅甸、斯里兰卡、老挝、印度、菲律宾等国善信纷至沓来，每年普陀观音大士香会，福建等地香船云集普陀山，蔚为壮观。他们带来各种佛像、供品及法器，现藏于普陀山文物馆的旧时海外文物还达数百件，其中就有一件菲律宾捐赠的玳瑁联指塔，还有一块菲律宾华侨捐赠的清代匾额。普陀山现今寺院的殿堂还有若干菲律宾华侨捐助时匾额。近现代菲律宾华侨与普陀山寺院之间交往频繁，每年都有香火供奉。改革开放后，每年有大批菲律宾香客信众来山进香，普陀山也派出多名法师到菲律宾弘法进行佛事交流。

光绪十八年，普陀山广学法师去菲律宾募化。《普陀洛迦新志》记载："广学，名宽量，江苏丹阳裴氏子。年二十诣普陀，礼净守为师。受具后，闭关潮音洞，礼佛诵经，夕不安寝者凡九年。光绪壬辰（十八年），赴吕宋募缘，得数万金回，重修殿宇。宣统元年，为普济寺住持。诸多修葺，复出银币三千元，助设化雨学校。值民国肇兴，寺中香火寥落，亏耗甚钜。退院后，又往外国募化。至安南坑鸣地方，不服水土，未及数月成疾，越夕西逝。次年从仆携资至其地赍骨而回，建塔于白莲台殿后。"[①]

据厦门的地方志记载：清光绪十八年，有一位泉州籍僧人去菲律宾募化，随带一尊观音像供养，回国时，把这座佛像留给一位信佛的华侨，让其安奉家中奉祀。附近华侨多数信奉观音，经常来社拜观音菩萨祈安求福。这里逐渐成为香火中心，后就所居的路夏义街建佛堂祀奉，称为路夏义街佛祖堂。此后有一班具有正信的佛教信徒，常借佛祖堂聚会念佛，并组织成立旅菲中华佛学会。佛学会在吴江流、翁振文等居士的热心倡导下，募集资金，在马尼拉布那拉街购置地皮，筹备兴建佛寺。民国二十五年，延请国民政府考试院院长戴季陶奠基，创建大乘信愿寺，成为菲岛第一座佛教寺院。[②]

出土所在地"报本堂"，系普济寺西寮，一般由住持或耆旧退位后居住。光绪间，僧释定增建殿楼及东西寮，自立门户，宣统二年，徒莹照修之。宣统元年（公元1909年），广学法师住持普济寺，期间

---

① 王亨彦.普陀洛迦新志［M］.杭州：浙江古籍出版社，2014.

② 厦门市佛教协会.厦门佛教志·社团、教育、交流·菲律宾［M］.厦门：厦门大学出版社，2006.

多有修葺，又出私银3 000元助设"化雨小学校"。民国元年，因普陀山香火寥落，亏损甚巨，时师虽已退院，仍再次出国募化，这次出外募化地。选择到安南（今越南），因水土不服，到坑鸣时病故，此批银元也有可能为其外出募化时暂埋于地下。光绪十八年，广学法师去菲律宾募缘，按佛教戒律，出门应由2人以上同行，以便于相互帮助和监督，在选择一起同去的僧人时，最好熟悉菲律宾，或有宗亲在菲律宾的，因此在闽籍僧众多的普陀山找一位福建泉州籍僧人可能性很大。古时僧人募化，有敲大木鱼沿路念佛菩萨名号的，有背负佛像为人祈福募化的，广学法师应供请了一尊普陀山最具代表性的观音菩萨像，这次募化很成功，为普陀山募得数万金（银元），这尊来自普陀山的观音菩萨像在募化结束后落地菲律宾供奉，成为近代菲律宾佛教发端的一件重要历史事件。

非常巧合的是，《中国钱币》曾引用地方钱币杂志的报道记述：1990年6月7日，四大佛教名山之一的安徽九华山在重建转轮殿（又名十王殿）工地的西墙角外侧路旁近地表处，出土了一批无论是品种还是数量都非常相似的银元。出土银元主要有以下两种：西班牙在墨西哥城铸造的"本洋"占总数的40%，墨西哥鹰洋占总数的60%以上，最晚的是公元1890年铸造的。[①]与普陀山出土外国银元有相似之处，为海外捐助或募化，源自南洋的可能性较大。

三、窖藏银元来源推测——在近代本洋危机时经刻意挑选

鹰洋由于与西班牙本洋重量、规格、成色等各方面基本一致而得到推广，鹰洋的势力范围不断扩大。公元1853年，两广总督叶名琛谕令在缴纳关税、盐课和国家税收的各种项目上，准许鹰洋和本洋等价流通。墨西哥独立之后，本洋不再铸造，来源渐绝。太平天国运动爆发后，人们更大量囤积这种硬通货，市面本洋日益稀少，而价格越来

---

① 林介眉.安徽九华山出土外国银元［J］.中国钱币，1993（3）.

越高。这时本洋在上海仍然维持着本洋的特权，主要是因为钱庄庄主们的囤积和炒作。公元1856年初，一部分外商试图改变通货，从使用本洋改为使用鹰洋，但没能成功。9月，这种重7钱2分，比纯银锭的含银量少10%的银元却能买到重1两的纯银锭。世界各地的本洋被上海的升水吸引，源源不断流入上海以换取白银。非理性的价格终于动摇了人们对本洋的信念，中国人的心理似乎醒悟过来，觉得此事太不合理。公元1856年11月，上海道台蓝蔚雯用官方力量推行鹰洋，成立3家钱店收兑墨西哥银元，又令各布店向农民兑出墨西哥银元。鹰洋终于"攻克"上海。公元1857年初，贸易的记账单位由本洋改为上海规元。

窖藏银元全部为人像双柱，没有墨西哥鹰洋和其他国家的贸易银元，也没有一枚中国制造的银元。很有可能是埋入时银币已经挑选。有报道称：这批银币大多流通使用过，银币表面均打砸有各种符号的凹形印记，除有多种外文字母外，还有汉字戳记，因此证实曾在我国境内流通使用过。这类汉字戳记多为早期钱庄商号及店铺所加。其中发现一枚"夹版"假银元，用西班牙银元正反两面银皮包裹内灌铅芯，并非整体浇铸掷地即碎的"铅版假银元"。夹版假银元在当时国内，特别是沿海的银元造假中属于用得比较多的造假方式。在太平天国运动时期或之后一段时间的上海"本洋危机"时，有一些人只认本洋，刻意挑选所为。无独有偶，1999年，上海大沽路出土的467枚西班牙银元中，绝大多数是查理三世和查理四世银元，少量为费尔南多七世银元。① 也没有发现其他品种银元。上海市还有整批出土3种人像本洋而无其他银元出土的情况，情形与之相似。

---

① 洪葭管.上海金融志 [M].上海：上海社会科学院出版社，2003.